Peter Heine

Kulterknigge für das Zusammenleben mit Muslimen

Peter Heine

KULTUR
KNIGGE

für das Zusammenleben
mit Muslimen

HERDER

FREIBURG · BASEL · WIEN

MIX
Papier aus verantwor-
tungsvollen Quellen
FSC® C083411

© Verlag Herder GmbH, Freiburg im Breisgau 2017
www.herder.de

Umschlaggestaltung: Designbüro Gestaltungssaal
Umschlagmotiv: © Allies Interactive – shutterstock

Satz: de·te·pe, Aalen
Herstellung: CPI books GmbH, Leck

Printed in Germany

ISBN 978-3-451-34976-8

Inhalt

Vorwort

Die Begegnung mit Menschen, die aus fremden Kulturen stammen, setzt die Bereitschaft voraus, sich auf das Fremde einzulassen. Diese Fremdheit wird nicht nur auf Grund des anderen Aussehens des Gegenübers wahrgenommen oder seiner weniger vollkommenen Fähigkeit, mit uns in unserer eigenen Sprache zu kommunizieren. Denn an eine andere Hautfarbe kann man sich rasch gewöhnen, und viele Ausländer beherrschen die deutsche Sprache besser als mancher Deutsche. Aussehen und Sprache erzeugen zudem immer auch Wahrnehmungen, in denen Fremdheit zunächst deutlich wird. Diese Erfahrungen verflüchtigen sich aber schnell durch Gewöhnung und Praxis im täglichen Umgang miteinander.

Schwieriger ist es dagegen, sich an Verhaltensweisen, vor allem aber, sich an Gefühlsreaktionen von Menschen aus einer anderen Kultur zu gewöhnen. Man muss auch nicht mit allen Formen von uns fremden Menschen, sich zu geben und zu reagieren, einverstanden sein. Schließlich geht es uns ja im Umgang mit unseren eigenen Landsleuten nicht anders. Manches jedoch, das wir als »typisch orientalische Höflichkeit«, als »typisch arabische Unzuverlässigkeit« oder als »typisch türkische Arroganz« zu bezeichnen pflegen, beruht auf Vorurteilen, vor allem aber auf Fehlinterpretationen von durch die fremde Kultur bedingten Verhaltensmustern, die zu erfahren und zu erklären wir uns in der Regel keine Mühe machen.

Alle Kulturen auf der Welt stellen komplexe Systeme dar, die sich aus einer Vielzahl von Komponenten zusammensetzen. Dabei spielen äußere Umstände wie das Klima oder die geographischen Bedingungen, auf die die Menschen keinen Einfluss haben, ebenso eine Rolle wie die politisch-strategische Lage einer Kultur zwischen anderen Kulturen. Kulturen blicken auf eine lange und oft widersprüchliche Geschichte zurück. Manche Züge einer Kultur geraten im Laufe der Entwicklung in Vergessenheit und werden dann wieder neu entdeckt. Andere Momente einer Kultur werden erfunden und als uralt dargestellt. Vor allem aber beeinflussen sich verschiedene benachbarte oder auch weiter entfernte Kulturen gegenseitig. Ein Blick in die deutsche Kultur macht das deutlich: Aus der Musik, klassisch oder Pop, sind Instrumente wie Schlagzeug, Oboe oder Laute/Gitarre nicht wegzudenken. Sie kommen aus dem Orient. Mit Kaffee, Tee, Joghurt, Zucker, Pfeffer ist es genauso. Die Beispiele lassen sich beliebig vermehren. Ohne diese Einflüsse aus der Fremde wäre unsere Kultur ärmer, sie wäre sicherlich eine weniger reiche Kultur geblieben.

Seit einem halben Jahrhundert stammt eine große Zahl von Zuwanderern in Deutschland aus islamischen Gesellschaften. Zunächst kamen sie vor allem aus der Türkei, seit kurzem aber auch in großer Zahl aus Afghanistan, dem Irak und aus Syrien. Nicht alle, aber doch sehr viele sind mehr oder weniger stark vom Islam geprägt. Der Islam gehört neben dem Judentum und dem Christentum zu den abrahamitischen Religionen. Vielleicht macht uns seine mangelnde Exotik den Umgang mit ihm und seinen Anhängern so schwer. Der Islam ist uns fremd und zugleich merkwürdig vertraut. Menschen aus der islamischen Welt gehören wie wir nach unserer historischen Definition zur »Alten Welt«. Wie wir sind sie durch den semitischen Monotheismus, durch das Erbe der klassischen Antike und die Tradierung vergleichbarer Sozialstrukturen geprägt. Sie sind uns näher, als wir wahrzunehmen in der Lage sind. Man kann dieses Phänomen als »kulturelle Tafelblindheit« beschreiben. Dieses Buch will einen Beitrag dazu leisten, dieser Blindheit abzuhelfen. Es stellt Erklärungen vor zu Verhaltensweisen von Muslimen, die uns auf den ersten Blick unlogisch, unverständlich und ablehnend erscheinen und versucht zugleich, deren innere Logik und Konsequenz aufzuzeigen. Weiterhin werden kulturelle Besonderheiten in ihren historischen, durch islamische Traditionen geprägten Entwicklungen dargelegt. Es wird zudem klarzumachen sein, wo Verhaltensweisen von Menschen aus dem muslimischen Kulturraum nicht durch ihren Glauben bedingt sind, sondern durch andere – soziale, ethnische oder politische – Prägungen. Um die religiösen Grundlagen von Verhaltensweisen zu verdeutlichen, werden die entsprechenden Aussagen des Korans und der Sammlungen der Aussprüche des Propheten Muhammad ausführlich zitiert. Sie können eine Grundlage für den Austausch zwischen Muslimen und Nichtmuslimen in konkreten Situationen bieten.

Es ist ein Anliegen dieses Buches, den zahlreichen freiwilligen Helfern, die viel Zeit und Energie für die Betreuung von Flüchtlingen, die vor allem seit dem Beginn des syrischen Bürgerkriegs, der inneren Konflikte im Irak nach dem Abzug der US-Truppen und seit dem Rückzug der alliierten Truppen aus Afghanistan nach Deutschland gekommen sind, eine Hilfe in ihrem Engagement zu bieten. Daher wird auch auf die spezielle Situation von Zuwanderern eingegangen, wenn das angemessen erscheint und von Bedeutung ist.

»Kulturknigge für Nichtmuslime« war der Titel einer Vorgängerversion dieses Buches, die schon 1994 erschien und seitdem immer wieder ergänzt und überarbeitet worden ist. In der vorliegenden Version wurde es zu weiten Teilen völlig neu formuliert und umgestaltet. Durch die Fluchtbewegung, die zahlreiche muslimische Einwanderer nach Europa gebracht hat, haben sich viele Fragen neu gestellt. Hintergrundwissen und Verständnishilfen sind notwendig. Integration hat ja immer zwei Seiten. Einerseits ist es wichtig, dass muslimische Flüchtlinge schnell lernen und verstehen, wie die Deutschen »ticken«, was westliche Kultur ausmacht und wie man sich in ihr bewegt. Aber andererseits brauchen wir für eine gelingende Begegnung auch religiöse, historische und kulturelle Hintergrundinformationen, die Orientierung geben auf Fragen, die sich hierzulande im alltäglichen Zusammenleben mit Menschen anderer religiöser und damit kultureller Prägung stellen. Bei der Neuerarbeitung dieses Buches stand also im Hintergrund das Anliegen: Welches Wissen sollten Nichtmuslime haben, um besser mit muslimischen Partnern zurechtzukommen? Wo liegen Problemzonen, Konfliktherde, Informationsdefizite für kulturbedingte Kommunikationsprobleme?

Unterstützung bei der Arbeit an diesem Buch erhielt ich von Dr. Rudolf Walter vom Herder-Verlag. Informationen über die aktuelle Situation bekam ich von Dr. Nadia Naji, Prof. Dr. Riem Spielhaus und Dr. Nedal Daghestani. Meiner Frau, Dr. Ina Heine, danke ich sehr für ihre genaue und kreative Verbesserung meiner oft zu komplizierten und umständlichen Sätze. Durch sie ist das Buch lesbarer geworden.

November 2016 Peter Heine

Einleitung: Respekt und Bildung

Gewalt ist ein Grundproblem moderner Gesellschaften. Als der Dalai Lama bei einem Besuch in Straßburg im September 2016 von Jugendlichen danach gefragt wurde, was aus seiner Sicht Gewalt verhindern helfe und zum friedlichen Miteinander der Menschen beitragen könnte, antwortete der Friedensnobelpreisträger ebenso spontan wie lapidar: Respekt und Bildung.

Nun müssten wir zunächst klären, was unter Respekt verstanden wird. Zunächst fällt – für unseren Zusammenhang auf, dass Respekt etwas ist, was zu den Normen des Sozialverhaltens in allen muslimischen Gesellschaften gehört. Das gilt natürlich nicht nur für Muslime, sondern für viele traditionelle, auch christlichen Gesellschaften des Nahen Ostens. Allgemein und öffentlich erkennbar drückt sich in diesen Gesellschaften Respekt etwa gegenüber Eltern, Älteren überhaupt, Geistlichen, Lehrern oder sozial Höhergestellten schon in der Gestik und in der Körperhaltung, aber auch in entsprechenden verbalen Äußerungen aus. Diese Respektsbezeugungen sind vielfältig. Kinder, auch die im Erwachsenenalter, küssen traditionell ihren Eltern die Hand, wenn sie sie ihnen morgens begegnen oder sich einige Zeit nicht gesehen haben, und führen manchmal auch die Hand von Mutter oder Vater an ihre Stirn. Diese Respektsbezeugungen leiten sich aus den Geboten des Korans her. Da heißt es, besonders deutlich in Sure 17, 23 f: »Und dein Herr hat bestimmt, dass ihr nur ihm dienen sollt und dass man die Eltern gut behandeln soll. Wenn eins von ihnen oder beide bei dir ein hohes Alter erreichen, so sag nicht zu ihnen: ›Pfui!‹, und fahr sie nicht an und sprich zu ihnen ehrerbietige Worte./ Und senke für sie aus Barmherzigkeit den Flügel der Untergebenheit und sag: ›Mein Herr, erbarme dich ihrer, wie sie mich aufgezogen haben, als ich klein war.‹« Hier folgt das Gebot der Verehrung der Eltern unmittelbar auf das Gebot der Gottesverehrung. So verdeutlicht sich der besondere Rang dieser Respektsbezeugung.

In traditionellen Familien küssen Frauen auch die Hand ihres Ehemannes. Die gleiche Form der Ehrerbietung können auch ältere Frauen oder Männer erfahren, die über eine wie auch immer geartete Autorität verfügen. Das gilt auch für jüngere Personen höherer sozialer Stellung, die zum ersten Mal einem einfachen Mitarbeiter begegnen. Respektvoll verhalten sich auch Antrag- oder Bittsteller in traditionellen islamischen Gesellschaften, wenn sie mit Vertretern der Staatsmacht konfrontiert sind. Diese Verhaltensweisen und Gesten dienen also der Bestätigung sozialer Strukturen. Sie finden auf allen sozialen Ebenen islamischer Gesellschaften statt.

Nun ist Respekt in unserem Verständnis nicht nur ein normiertes Sozialverhalten gegenüber Höherrangigen in homogenen Gesellschaften. Der Friedensnobelpreisträger verbindet in dem angesprochenen Statement für die modernen Gesellschaften die Forderung nach Respekt zu Recht mit der Forderung nach Bildung: Diese beiden Haltungen stellen gerade in ihrer Verbundenheit das Herz jeden Dialogs und die Voraussetzung jedes gelingenden Miteinanders dar: Es braucht Information, Wissen und Kenntnis über den anderen, wenn man ihm angemessen begegnen will. Wenn man jemand nicht kennt, ist die Gefahr von Vorurteilen oder von verzerrter Wahrnehmung groß. Wissen übereinander ist wichtig, aber auch eine schätzenden Werthaltung dem anderen gegenüber, Offenheit in der Wahrnehmung des Gegenüber und auch die Bereitschaft zu menschlicher Begegnung auf Augenhöhe. Das ist die ursprüngliche Bedeutung von Respekt.

Respekt als Haltung in modernen, pluralistischen Gesellschaften ist etwas anderes als Toleranz. Toleranz kommt von »tolerare«, d. h. ertragen, dulden. Es bedeutet noch nicht Anerkennung des anderen. Eine Kultur des Zusammenlebens ist auch nicht auf dem Boden einer abstrakten Toleranz möglich. Hinzukommen muss das Wissen vom anderen, die Information über Hintergründe der Wertvorstellungen, aus denen er lebt – dies auch im Sinne aktiven Verstehen*wollens* des Fremden und Unterschiedlichen.

Bildung und Respekt gehören also zusammen. »Dulden heißt beleidigen«, bemerkte schon Goethe. Und er fügte hinzu: »Toleranz sollte eigentlich nur eine vorübergehende Gesinnung sein. Sie muss zur Anerkennung führen.« Respekt ist informierte Wertschätzung, die auch dem anderen Wahrheit zutraut.

Wer heute Respekt fordert, muss freilich wissen: Respekt ist für uns ein fragiles Wort. Man muss den Kern seiner Bedeutung erst wieder freilegen. Denn spätestens seit der Studentenrevolte von 1968 ist Respekt zu einem Unwort geworden. Respekt als Haltung wurde ähnlich wie Disziplin oder Ordnung für eine Sekundärtugend gehalten oder als Anzeichen für autoritären Charakter gesehen. Wer Respekt einforderte, der stand im Verdacht der Manipulation und der Machtdurchsetzung.

Heute können wir in unserer Gesellschaft beides feststellen: Verlust an Respekt – in den Medien, auch im Internet, in der Öffentlichkeit, im Umgang von Menschen untereinander, insbesondere mit Fremden, aber auch mit Politikern etc. Aber festzustellen ist auch die wachsende Einsicht, dass Respekt zu einer humanen Gesellschaft gehört, dass es so etwas wie ein Passwort für gesellschaftlichen Zusammenhalt und Frieden darstellt.

Respekt als Haltung setzt Wertschätzung voraus. Umfragen zeigen nun aber: 60 Prozent der Deutschen bezeichnen den Islam als schlechte Religion. Man kann etwas aber nicht respektieren, was man nicht für gut hält. Wie kann es zu einer solchen Einschätzung kommen? Und welche Bedeutung hat Kritik?

Die eklatant kritische Einschätzung des Islam hat sicher verschiedene Ursachen. Eine davon ist aber auch mangelnde Kenntnis, fehlende Bildung. Einen Beitrag, das zu beheben, will dieses Buch leisten. Auch Kritikfähigkeit verschafft man sich nur durch Bildung. Wer gebildet ist, weiß auch, dass alle Probleme komplizierter sind als sie scheinen. Auch wenn ich selber etwas unterschiedlich beurteile, kann ich wissen, dass ein anderer Dinge auch anders sehen kann. Das ermöglicht, bei aller Kritik, die Verbindung von Respekt und Toleranz.

Natürlich ist Respekt auch gegenseitig. Auch Muslime müssen ertragen lernen und respektieren – also akzeptieren –, dass es in unserer Kultur die Freiheit gibt, nichts zu glauben oder die Religion zu wechseln oder zu akzeptieren, dass auch die eigenen Kinder Nein sagen zum überkommenen Glauben. Die goldene Regel, dass meine Freiheit immer auch die Freiheit des anderen ist, gilt auch für das Zusammenleben von Menschen verschiedener kultureller und religiöser Prägung.

Dass es für viele Muslime, die erst seit kurzer Zeit in der deutschen Mehrheitsgesellschaft leben, nicht einfach ist, herauszufinden, ob und wie gegenüber Herkunftsdeutschen Formen von Respekt ausgedrückt werden, liegt auf der Hand. Natürlich stellen sie fest, dass ritualisierte Respektsbezeugungen, wie sie sie aus ihrer Heimat kennen, nicht erwartet, ja sogar als unangebracht empfunden werden. Und massive Respektlosigkeit lässt sich vor allem bei allein reisenden jungen Männern aus dem muslimischen Kulturkreis beobachten, die den korrigierenden Einfluss ihrer Familien seit längerer Zeit verloren haben. Dieser Typus von jungen Männern ist auch als Teil islamischer Gesellschaften bekannt. Schon die mittelalterlichen muslimischen Historiker sprechen von »aubâsh« (Pöbel). Und es sind vor allem die bindungs- und perspektivlosen Männer unter den Zuwanderern, die durch Respektlosigkeit, ja Unverschämtheit, nicht zuletzt gegenüber jungen Frauen negativ in Erscheinung treten. Das aber ist kein Phänomen, das ausschließlich in islamischen Gesellschaften bekannt ist.

Etwas anderes ist die Selbstverständlichkeit, mit der die Religion der Muslime bis weit in die Mitte der deutschen Gesellschaft pauschal diffamiert wird. Das empfinden Muslime als Form von mangelndem Respekt gegenüber ihren höchsten Gütern. Dass bestimmte Erscheinungen im aktuellen Islam kritisiert werden müssen, wissen die Muslime selbst gut genug. Sie sind aber vielfach der Meinung, dass es die Muslime sein müssen, die diese Kritik äußern, weil sie sehr viel besser als die Kritiker die problematischen Aspekte ihrer Religion kennen als die vielen Autoren und

Meinungsmacher, die diese Religion kaum in ihrer Gänze kennen.

Respekt ist in jeder Hinsicht eine Frage der Gegenseitigkeit. Wenn Muslime Respekt für ihre Religion und Kultur einfordern, erhalten sie oft zur Antwort, dass sie sich diesen Respekt erst verdienen müssen. Stellungnahmen der religiösen Autoritäten des Islams gegen alle Formen des radikalen Islams werden allerdings in der westlichen Welt kaum zur Kenntnis genommen. Ähnlich verhält es sich auch mit den Debatten um Burka oder Niqâb. Da äußern sich westliche Politiker, deren Fächer Wirtschaft oder Finanzen sind. Sie verstehen so viel von der Thematik, dass sie noch nicht einmal die korrekte Aussprache dieser Kleidungsstücke kennen. Die Diskussionen, die von muslimischen Feministinnen in den wenigen Ländern, in denen diese Kleidung verbreiteter ist, geführt werden, werden ignoriert. Dabei kann man, wenn man will, diese Debatten durchaus in den sozialen Medien verfolgen. Solche Ignoranz wird von vielen Muslimen genau zur registriert. Sie stellen auch fest, dass nach dem Attentat von Nizza am 14. Juli 2016 sich Tausende von Muslimen in den verschiedenen elektronischen Medien mit den Opfern solidarisiert und ihr Mitgefühl ausgedrückt haben. Auf das Attentat vom 3. 7. 2016 in dem Stadtviertel Karada der irakischen Hauptstadt mit über 200 Toten kam keine vergleichbare westliche Reaktion. Die Meldungen verschwanden innerhalb von Tagen aus den deutschen Medien. Auf ein Wort der Anteilnahme wenigstens von europäischen Politikern warten die Bewohner von Karada noch immer.

Seit einem halben Jahrhundert leben in Deutschland Muslime in beträchtlicher Zahl. Sie haben durch ihre Arbeit zum wirtschaftlichen Erfolg und zur kulturellen Vielfalt des

Landes beigetragen. Sie haben ihre Kinder erzogen und den Bevölkerungsrückgang Deutschlands verlangsamt. Sie haben ihre Steuern entrichtet und in die Sozialkassen eingezahlt. Man findet unter der Gruppe der muslimischen Gastarbeiter und ihrer Kinder beeindruckende Erfolgsgeschichten. Da sind Ärztinnen und Ärzte, Anwältinnen und Anwälte, erfolgreiche Unternehmer und Mitarbeiterinnen von Banken und Politikerinnen und Politiker, deren Eltern mit rudimentären Schreib- und Lesefähigkeiten einst nach Deutschland gekommen waren. Und das alles ohne staatliche Integrationshilfen. Diese Eltern und ihre Kinder verdienen Respekt.

Sie dürfen aber Respekt auch in dem umfassenderen Sinn erwarten. Nur wenn wir beachten – und achten – was ihnen wichtig ist und aus welchen positiven Quellen sie leben, werden wir ihnen im Umgang gerecht werden. Deswegen werden wir im Folgenden auch immer wieder ein wenig weiter ausholen, um diese Zusammenhänge verstehbar zu machen.

Respekt meint also nicht blinde und kritiklose Anerkennung des anderen und ist auch nichts Einseitiges. Gegenüber dem Islam wird meist Religionskritik gefordert. Aber das sollte nicht ausschließen, dass man das Gute einer Religion wahrnimmt, offen ist für das ethisch Bedeutsame in dieser Tradition, für ihre besondere Form und Ausprägung der Menschlichkeit, für die besondere Qualität des Religiösen in der Beziehung von Mensch und Gott. Bildung ermöglicht solche Offenheit. Es geht im Folgenden also nicht nur um Höflichkeitsformen im Sinne eines simplen »Verhaltensknigge«, sondern immer wieder auch um religiöse und kulturelle Hintergründe. Diese zu kennen ist dem Umgang mit Menschen förderlich, die vom Islam geprägt sind.

Glaubensbekenntnis, Dogmen und Rituale des Islams

Ein Bekenntnis, zwei Artikel

Der Islam als Religion prägt das Leben und Selbstverständnis des Einzelnen und der Gesellschaft, er bestimmt die Sicht auf Geschichte ebenso wie auf alle Äußerungen der Kultur. Das Glaubensbekenntnis des Mehrheitsislams (Schahâda) besteht im Grundsatz aus zwei Artikeln: »Es gibt keinen Gott außer Gott und Muhammad ist der Gesandte Gottes.« Dieses Bekenntnis wird von allen Muslimen in der Welt ausnahmslos geteilt. Es betont den Monotheismus des Islams und versteht Muhammad als den letzten Propheten, den Gott der Menschheit gesandt hat. Aus den beiden Glaubensartikeln ergeben sich nach allgemeiner muslimischer Auffassung aber noch weitere Glaubensüberzeugungen, die bei der Konversion eines Erwachsenen zum Islam ebenfalls bestätigt werden müssen. Nach einem Satz des Propheten lauten sie: »Dass du an Gott glaubst und an seine Engel, an seine Bücher und an seine Gesandten und an den Jüngsten Tag; und dass Du an die Vorherbestimmung des Guten und des Bösen glaubst.« Das Glaubensbekenntnis wird also ergänzt um den Glauben an die Engel, an weitere Propheten neben Muhammad, an den Koran und andere Offenbarungsschriften wie die Thora, den Psalter und die Evangelien; ferner an das Jüngste Gericht und damit auch an die Belohnung der Rechtschaffenden und die Bestrafung der Frevler. Schließlich wird auch die Vorherbestimmung oder Prädestination genannt. Doch schon diese Zusätze führen unter den muslimischen Theologen zu einigen Kontroversen. Sie betreffen die Bedeutung von Propheten wie Moses, Jonas oder Jesus und einigen anderen sowie die Bedeutung von jüdischer Thora und christlichem Evangelium neben dem Koran. Und immer wieder gab und gibt es bis heute weiter Debatten um die Frage der Prädestination.

Wie wird man Muslim?

Das islamische Recht verlangt von einem Menschen, Mann oder Frau, der sich dem Islam anschließen will, dass dies freiwillig, also ohne irgendeine Form von Zwang geschieht. Der Koran sagt dazu: »Es gibt keinen Zwang in der Religion« (Sure 2, 256). Der Kandidat für den Religionswechsel muss rechtsfähig, bei klarem Verstand und sich über die Konsequenzen dieses Schritts im Klaren sein.

Es gibt noch eine andere Form Muslimin oder Muslim zu werden: Das Kind eines muslimischen Vaters erhält automatisch dessen Religion. Die Religionszugehörigkeit der Mutter bleibt dabei ohne Bedeutung. Das Prinzip der Freiwilligkeit ist damit aufgehoben. Dieser Vorgang vollzieht sich jedoch nicht rückwirkend. Wenn ein Mann, der verheiratet ist und Kinder hat, zum Islam konvertiert, nehmen seine Frau und Kinder dadurch den Islam nicht automatisch an. Wenn zu irgendeinem Zeitpunkt ein Mann in einer genealogischen Kette Muslim war, diese Tatsache aber im Verlauf der Zeit vergessen worden ist, bleiben seine Nachkommen dennoch Muslime. Diese Überzeugung kann einerseits dazu führen, dass Muslime daraus ableiten, dass alle Menschen ursprünglich Muslime seien; denn der erste Monotheist und damit der erste Muslim war Abraham, arabisch Ibrahîm. Andererseits können diese späteren Nachfahren eines Muslims aber auch als Apostaten angesehen werden. Ein Eintritt in den Islam kann nicht erzwungen werden. Aber der Austritt aus dem Islam oder ein Religionswechsel ist nach islamischer Auffassung nicht möglich.

Ist man Muslim geworden, hat man neben dem Glaubensbekenntnis weitere Glaubenspflichten zu erfüllen: Das Pflichtgebet, das Fasten im Monat Ramadan, die Pflichtalmosen, die Wallfahrt zu den heiligen Stätten in und um Mekka. Mit dem Glaubensbekenntnis handelt es sich um fünf Pflichten, die als die fünf Säulen des Islams bekannt sind.

Pflichtgebete

Das Pflichtgebet (Salât) muss fünfmal am Tag vollzogen werden. Es hat eine herausgehobene Stellung im Kanon der Glaubenspflichten. Der Rhythmus der täglichen Pflichtgebete beginnt mit dem Mittagsgebet, dem folgen die Gebete am Nachmittag, am Abend, in der Nacht und vor dem Morgengrauen. Die Gebete sind innerhalb des Zeitraums zwischen dem Beginn einer Gebetszeit und dem Beginn der nächsten Gebetszeit zu vollziehen. Unter schwierigen Bedingungen erlaubt das islamische Recht auch die Zusammenlegung zweier Gebete, indem man das eine Gebet kurz vor Ende und das andere unmittelbar zu Beginn der nächsten Gebetszeit verrichtet. Diese Erleichterung nutzen vor allem

Muslime in Deutschland und Europa, die wegen ihres Arbeitsrhythmus nicht in der Lage sind, zu Beginn eines jeden Gebetszeitraums zu beten.

Das Gebet muss nach der Auffassung der Mehrzahl der muslimischen Gelehrten in arabischer Sprache durchgeführt werden. Das bedeutet, dass Türken, Iraner oder Pakistani das Gebet in einer fremden Sprache verrichten. Sie kennen jedoch die Bedeutung der Gebetsformeln.

Rituelle Reinheit als Voraussetzung

Der Beter oder die Beterin muss sich im Zustand der rituellen Reinheit befinden. Daher bereitet man sich mit einer rituellen Waschung auf das Gebet vor, nachdem er oder sie innerlich den Wunsch oder die Neigung erweckt hat, die Waschung durchzuführen. Das Erwecken dieser Neigung (Niyya) muss vor allen rituellen Handlungen erfolgen. Wird sie unterlassen oder vergessen, gilt die entsprechende Handlung als ungültig. Unreinheit entsteht durch Kontakt mit unreinen Dingen. Dazu gehören die verschiedenen Körperflüssigkeiten und Ausscheidungen wie Blut, Urin, Kot, Sperma und ekelerregende Dinge im Allgemeinen. Auch der Körperkontakt mit unreinen Tieren wie Hunden oder Schweinen führt zu ritueller Unreinheit. Das gleiche gilt für die Berührung mit unreinen Menschen. Man unterscheidet zwischen der großen und der kleinen Unreinheit, von denen man sich auf jeweils andere Weise durch eine Waschung befreien muss. Bei der kleinen Unreinheit müssen Körperteile wie das Gesicht bis zu den Ohren, Hände und Arme bis zu den Ellenbogen und die Füße mit Wasser benetzt werden. Die große Unreinheit entsteht in der Folge von Geschlechtsverkehr. Sie wird durch die große Reinigung beseitigt. Dazu muss die Muslimin oder der Muslim in einem Tauchbecken ganz untertauchen. Da solche Tauchbecken in den wenigsten Privathäusern vorhanden waren, fanden und finden diese Reinigungsrituale in öffentlichen Bädern (Arabisch: Hammâm) statt. Im Hammâm werden die Regeln der Geschlechtertrennung strikt eingehalten. An festgelegten Tagen oder Tageszeiten können nur Männer in einem bestimmten öffentlichen Bad ihre Reinigung vollziehen, an einem anderen Wochentag haben nur die Frauen Zutritt. Badediener bieten den Männern Hilfestellung an. Entsprechend stehen weibliche Betreuerinnen den Frauen zur Seite. Alle großen und kleinen Städte der islamischen Welt verfügen über eine größere Zahl von öffentlichen Bädern. Inzwischen gibt es auch in zahlreichen deutschen Städten einen Hammâm.

Es gibt freilich auch andere Möglichkeiten für die rituelle Reinigung: Von jeher gab es die Möglichkeit bei fehlendem Wasser, die Reinigung auch mit sauberem Sand durchzuführen. Sie ist aber eher als eine symbolische Geste zu verstehen. In modernen Wohnungen kann auch die große Reinigung mit Hilfe der Dusche vollzogen werden.

Wie wird das Gebet durchgeführt?

Das Gebet muss an einem rituell reinen Ort stattfinden. Diese Reinheit wird dadurch hergestellt, dass das Gebet auf einer sauberen Unterlage vollzogen wird. Dabei kann es sich um einen Teppich, um eine Strohmatte, aber auch um ein entsprechend großes Stück sauberer Pappe handeln. Damit die Reinheit erhalten bleibt, entledigt sich der Beter oder die Beterin seiner bzw. ihrer Schuhe oder Sandalen.

Die Betenden müssen sich in Richtung der heiligen Stadt Mekka wenden. In Moscheen wird diese durch die Gebetsnische (Mihrâb) angezeigt. In Privatwohnungen ist sie in der Regel bekannt. In vielen Hotels in islamischen Ländern dient in jedem der Gästezimmer ein Pfeil oder eine andere Markierung als Orientierungshilfe.

Das Gebet selbst besteht aus einer Abfolge von festgelegten Körperhaltungen. Die Betenden stehen, nehmen eine gebeugte und später eine kniende Haltung ein. Zum Schluss beugen sie sich aus dieser knienden Haltung nach vorne und berühren mit der Stirn den Boden. Dazu werden vorgeschriebene Gebete gesprochen. Diese bestehen aus dem Glaubensbekenntnis, Rezitationen aus dem Koran und anderen Formeln. Kennzeichnend ist auch, dass man eventuelle Mitbeter mit dem Friedensgruß grüßt. Das geschieht auch, wenn man für sich alleine betet. Man geht dann davon aus, dass zwei Engel rechts und links von einem mitbeten.

Was müssen Nichtmuslime beachten? Wichtig: Man darf Muslime beim Beten nicht unterbrechen, indem man sie anspricht oder sich vor sie stellt. In einem solchen Fall müssten die so gestörten die bis dahin vollzogenen Teile des Gebets wiederholen.

Gemeinschaftsgebet und Bedeutung der Moschee

Wie unterscheiden sich nun das tägliche Pflichtgebet und Gemeinschaftsgebet? Während bei den täglichen Gebeten eine gewisse zeitliche Flexibilität möglich ist, liegt die Zeit für das Gemeinschaftsgebet der Muslime am Freitagmittag fest. In einigen wenigen islamischen Ländern wird vor allem im Zusammenhang mit diesem Gemeinschaftsgebet dafür gesorgt, dass die Gläubigen sich auch tatsächlich in der speziell dafür vorgesehenen Moschee einfinden. Diese Moschee wird als Freitagsmoschee bezeichnet. Das Gemeinschaftsgebet unterscheidet sich von den übrigen Pflichtgebeten der Muslime dadurch, dass ein Vorbeter (Imâm) der Gemeinschaft der Beter vorsteht und diese seinen rituellen Bewegungen und Gebeten folgen. Dadurch wird eine deutliche Einheit des Rituals hergestellt. Der Vorbeter muss keine spezielle Ausbildung haben, darf aber auch nicht durch einen Sprachfehler oder ein körperliches Gebrechen in seiner Funktion behindert sein. Die zweite Besonderheit des Freitagsgebets ist es, dass dies durch eine Predigt ergänzt wird, in der ein Prediger die Gläubigen zum Gehorsam Gott gegenüber und zu guten Taten auffordert. In der Freitagsmoschee sollten sich alle Muslime einer Stadt zu diesem Gebet versammeln. Das ist mittlerweile aber nur noch in kleineren Städten möglich. Auch die größten Moscheen fassen lediglich mehrere zehntausend Beter. In Millionenstädten gibt es daher mehrere Freitagsmoscheen.

Weil sich in der Freitagsmoschee alle Gläubigen einer Stadt oder eines Viertels treffen, konstituiert sich hier die muslimische Gemeinde. Im Freitagsgebet üben sie als Gemeinschaft vor Gott ihre Gebetspflicht. Die Moschee ist daher auch ein politischer Ort. In alten Zeiten wurde im Gebet der Herrscher genannt. Wenn die Gemeinde einen anderen Namen hörte, wusste sie, dass es einen neuen Herrscher gab oder ein Putsch im Gange war und jemand dessen Macht infrage stellte. Auch heute nutzen die Prediger die Freitagsmoschee zu politischen Äußerungen. Daher wird in autoritären Staaten der Inhalt der Predigten vorgeschrieben, um oppositionelle Äußerungen zu unterbinden.

Freitagsmoscheen wie andere Moscheen sind nicht nur Orte eines Rituals, sondern auch der Lehre. Hier versammeln Gelehrte ihre Schüler in einem Kreis um sich und vermitteln ihnen das Wissen um die Lehren des Islams, die Interpretation des Korans und anderes. Sie sind daneben ein Ort, an dem sich Muslime treffen können, um sich miteinander auszutauschen, auch über private Themen. Solange die Tore der Moschee geöffnet sind, können Besucher dort sogar ein wenig ausruhen oder schlafen.

Muslimen in Europa gelingt es in der Regel inzwischen, angesichts der Arbeitszeitregelungen am Wochenende am Freitagsgebet in einer Moschee teilzunehmen. Manche deutschen Nachbarn, die in der Nähe eines muslimischen Gebetsraums oder einer Moschee wohnen, ohne von dieser Tatsache zunächst etwas bemerkt zu haben, wunderten sich schon einmal über die Parkplatznot an jedem Freitagnachmittag. Erst nach und nach erkannten sie die Ursache dafür.

Was zeichnet nun eine Moschee aus? Es gibt nur wenige bauliche Erfordernisse, um eine Moschee einzurichten. Darum unterscheiden sich Moscheen in den verschiedenen islamischen Ländern deutlich voneinander. Jede Moschee muss die Gebetsnische, die in Richtung nach Mekka weist, haben. Vor diese stellt sich der Vorbeter, wenn sich mehrere Muslime zum Gebet versammeln, gleichgültig ob zum täglichen Pflichtgebet oder zum freitäglichen Gemeinschaftsgebet. Die Freitagsmoschee muss auch über eine Kanzel (Minbar) oder über einen gleichnamigen Predigtstuhl verfügen. Die Moschee muss aus Gründen der rituellen Reinheit an den Stellen, an denen gebetet wird, mit Teppichen oder Strohmatten und ähnlichem ausgelegt sein. Moscheehöfe sind gepflastert. In der Regel verfügen die Moscheen im äußeren Moscheebereich über Waschgelegenheiten. Viele Moscheen haben ein oder mehrere Minarette. Aber auch Moscheen ohne Minarett sind vollwertige Moscheen. Große Moscheen verfügen im Eingangsbereich über Aufbewahrungsmöglichkeiten für Schuhe oder Sandalen, weil man die Moschee nur barfuß oder in Strümpfen betreten darf, um deren rituelle Reinheit durch verschmutzte Schuhe nicht zu gefährden. In großen Moscheen, in denen die Aufbewahrung der Schuhe zu aufwändig wäre, tragen die Beter ihre Schuhe in bereitliegenden Kunststofftüten mit sich und geben diese am Tor der Moschee wieder ab.

Man unterscheidet die Freitagsmoschee (Jâmi') und die einfache Masjid. Von dieser Bezeichnung rührt auch der deutsche Begriff Moschee her. Beide Arten verfügen über eine Gebetsnische. In beiden wird die rituelle Reinheit des Bodens durch unterschiedliche Sorten von Belägen hergestellt. Den Typ der Masjid findet man in jedem Stadtviertel einer orientalischen Stadt. In Deutschland werden hinsichtlich der Gebetspraxis noch keine großen Unterschiede zwischen den beiden Moscheetypen gemacht.

In Deutschland darf man als Nichtmuslim Moscheen betreten. Man sollte das aber nur dann tun, wenn man dazu die

Erlaubnis eines Gemeindemitglieds der Moscheegemeinde erhalten hat. Man muss die Schuhe ausziehen. Frauen sollten ein Kopftuch anlegen. Viele Moscheegemeinden beteiligen sich am »Tag der offenen Moschee«, der in jedem Jahr am 3. Oktober, dem Tag der Deutschen Einheit, stattfindet. Dieser Tag bietet eine gute Gelegenheit, eine Moschee kennenzulernen, weil die Gemeinden dann darauf eingerichtet sind.

Fasten und Ramadan

Im Monat Ramadan, dem 9. Monat des islamischen Jahres, muss sich die Muslimin und der Muslim von dem Moment an, »da man einen weißen Faden von einem schwarzen unterscheiden kann«, bis zum Sonnenuntergang unter anderem jeder festen und flüssigen Nahrung enthalten. Auch das Rauchen ist ihnen nicht gestattet. Da viele Muslime, auch in Deutschland, Raucher sind, sind von dieser Vorschrift viele besonders betroffen. Ab Sonnenuntergang ist die Verpflichtung zum Fasten bis zum folgenden Morgen aufgehoben. In vielen muslimischen Familien wird morgens vor Anbruch der Dämmerung eine frühe Mahlzeit serviert, damit die Beschwernisse des Fastens bei Tage ein wenig besser ertragen werden können.

Fasten müssen alle Musliminnen und Muslime, die dazu in der Lage sind. Kranke, Schwangere und Alte müssen nicht fasten. Die Kämpfer im Jihâd dürfen nicht fasten. Kinder sollen langsam an das Fasten gewöhnt werden. Man darf sie nicht dazu zwingen. Reisende müssen nicht fasten. Sie müssen die versäumten Tage aber zu einem späteren Zeitpunkt nachholen.

Im Ramadan verändert sich das öffentliche Leben in vielen islamischen Staaten. Alles ist stärker auf den Islam ausgerichtet als in den übrigen Monaten des Jahres. Viele Muslime geben sich Mühe, allen Anforderungen ihrer Religion in besonders korrekter Weise Genüge zu leisten. Sie bemühen sich in diesem Monat, Konflikte, die sich im Verlauf des Jahres innerhalb oder außerhalb der Familie ergeben haben, beizulegen. Die Tageszeitungen und elektronischen Medien ändern in dieser Zeit ihr Programm und widmen sich in besonderer Weise islamischen Themen. Man kann eine höhere Beteiligung an den Gemeinschaftsgebeten feststellen und die Großzügigkeit gegenüber Armen und Schwachen wird noch stärker, als sie es in der islamischen Welt ohnehin schon ist. In vieler Hinsicht ist der Ramadan aber auch ein Festmonat, zu dem man sich in der islamischen Welt zum Beispiel mit dem Gruß »Ramadân mubârak« (Einen gesegneten Ramadan) gratuliert.

Beendet wird der Fastenmonat mit dem Fest des Fastenbrechens ('Îd al-fitr), das in der Regel zwei bis drei Tage lang gefeiert wird. Kinder erhalten an diesem Tag Geschenke und Süßigkeiten. Daher rührt die Bezeichnung »Zuckerfest«. Familien und Freunde besuchen sich in einem festgelegten Turnus und tauschen Glückwünsche aus. In islamischen Ländern werden in diesen Tagen auch Nichtmuslime in das gesellschaftliche Leben miteinbezogen. Es entspricht den Regeln der Höflichkeit, dass solche Beglückwünschungen auch von Nichtmuslimen erfolgen. Inzwischen ist es auch in Deutschland üblich geworden, dass politische Persönlichkeiten wie der Bundespräsident den muslimischen Gemeinden seine Glückwünsche aus diesem Anlass aussprechen. Man kann sich auch aus Anlass des Festes zum Ende des

Ramadan Kartengrüße zusenden. Diese Bildkarten zeigen häufig islamische Motive oder neutrale Landschaftsdarstellungen. Entsprechende Grüße können auch von Nichtmuslimen an Muslime versandt werden.

Da das islamische Jahr ein Mondjahr und damit ca. zehn Tage kürzer als das Sonnenjahr ist, rücken alle islamischen Monate um diese Spanne durch das Jahr. So dauert der Ramadan 2016 vom 6. Juni bis zum 4. Juli, im Jahr 2017 vom 27. Mai bis zum 24. Juni und im Jahr 2018 vom 16. Mai bis zum 14. Juni. Folgerichtig kann der Fastenmonat in die heißen Monate des Jahres fallen, in denen das Fasten naturgemäß eine ganz besondere Belastung darstellt, oder in die Winterzeit, in der vor allem der Verzicht auf Flüssigkeiten weniger belastend für den Körper ist. Trotz oder gerade wegen der Beschwernisse sind Muslime stolz darauf zu fasten.

Wie sollten sich nun Nichtmuslime gegenüber den Fastenden im Ramadan verhalten? Der Ramadan ist für Muslime eine schöne, aber auch anstrengende Zeit. Er verändert ihren Tagesrhythmus und die Gläubigen schlafen weniger, weil sie erst nach Sonnenuntergang essen und sich gegenseitig besuchen. Viele der Fastenden sind weniger konzentriert oder vor allem gegen Ende der täglichen Fastenperiode ungeduldig. Für diese Verfassung sollte man Verständnis aufbringen. Vor allem aber sollte man Muslimen zum Ramadan gratulieren. Einladungen zum abendlichen Fastenbrechen sollte man als Nichtmuslim durchaus annehmen. Man sollte Muslime dagegen aus Respekt gegenüber den Glaubenspflichten in dieser Zeit nicht tagsüber zum Essen oder zu einer Zigarette einladen oder dazu animieren.

Das Almosen

Der Islam kennt zwei Arten von Spenden: Die eine ist das Almosen (Sadaqa), die andere eine Pflichtabgabe (Zakât). Die Zakât wird als eine Steuer auf Einkommen beschrieben. Sie besteht aus genau bemessenen Anteilen der Vermögensmasse der Gläubigen. Da es sich nicht um eine obligatorische Abgabe handelt, wird sie heute von Muslimen gerne als eine Sozialsteuer bezeichnet.

Nur in wenigen Ländern der islamischen Welt wird das Pflichtalmosen durch eine zentrale religiöse oder staatliche Institution wie eine Steuer eingezogen. In den anderen Ländern – und so auch in Deutschland – gibt jeder Gläubige einer karitativen Institution oder Bedürftigen, von denen er weiß, nach seiner persönlichen Einschätzung eine Geld- oder Sachspende. Die Spende kann auch einer Moscheegemeinde zur entsprechenden Verwendung übergeben werden.

Wer sind die Empfänger des Pflichtalmosens? Viele moderne muslimische Gelehrte betonen, dass die Zakât in erster Linie zum Ziel hat, die Versorgung von Armen und Kranken sicherzustellen. Durch diese Pflichtabgabe können auch bedürftige Nichtmuslime unterstützt werden. An erster Stelle stehen allerdings die Mit-Muslime. Die muslimischen Gelehrten schreiben der Zakât den Charakter eines anvertrauten Guts zu, das den eigentlichen Besitzern, also den Bedürftigen, zurückerstattet werden muss. Zakât wird als der festgelegte Anteil am Vermögen eines Muslims verstanden, der eigentlich nicht zu seinem Einkommen gehört und über den er keine Besitz- oder Verfügungsrechte hat. Vielmehr ist er verpflichtet, diesen Anteil an die eigentlichen Zakât-

Berechtigten weiterzugeben. Daher ist der Bedürftige kein Almosenempfänger; denn er leitet aus diesem Verständnis einen Rechtsanspruch auf eine entsprechende Gabe ab. Die soziale Solidarität, die sich in der Zakât ausdrückt, wird von Muslimen als Teil des Glaubens verstanden; sie ist dessen konkretes Zeugnis.

Wenn die heutigen muslimischen Rechtsgelehrten die Zakât in ihrer Bedeutung gleichwertig neben das Glaubensbekenntnis stellen, wird die besondere Relevanz der sozialen Frage im religiösen Kontext deutlich. Wie auch die Pflichten des Gemeinschaftsgebets und der Gemeinschaftserfahrung der Pilgerfahrt zeigen, vermittelt der Islam eine Lehre, die sich in ihren entscheidenden Aspekten auf die gemeinschaftliche Dimensionen richtet, und zwar derart, dass es keine echte Ausübung der Religion gibt ohne das persönliche Engagement in der Gesellschaft.

Pilgerfahrt und Opferfest

Das andere bedeutende Fest neben dem Fest des Fastenbrechens in der islamischen Welt ist das »Opferfest« ('Îd al-adhâ.) Es gehört in den Rahmen einer weiteren Glaubenspflicht der Muslime, die Pilgerfahrt (Hâjj). Jeder Muslim, der finanziell und physisch dazu in der Lage ist, sollte einmal in seinem Leben die heiligen Stätten des Islams in der Stadt Mekka und ihrer Umgebung aufsuchen. Während des Aufenthalts vollziehen die Pilgerinnen und Pilger ein umfangreiches Ritual. Der Zeitpunkt für die Pilgerfahrt ist festgelegt. Sie findet jeweils im islamischen Monat Dhû l-Hijja, dem 12. und letzten Monat des islamischen Jahrs, statt. Die genaue

Durchführung des Rituals beansprucht die Pilger für etliche Stunden und über mehrere Tage. Der Vollzug dieser Glaubenspflicht berührt viele der Pilger emotional so stark, dass sich dieses Erleben auf ihre gesamte spätere Lebensführung auswirkt. Alltägliche Lebensweisen werden nicht selten verändert, und die Weisungen des Islams erhalten in allen Bereichen Vorrang.

Zu den Riten der Pilgerfahrt gehört, dass Pilgerinnen und Pilger einheitlich in vorgeschriebene weiße Gewänder gehüllt sind. Diese Einheitlichkeit im Erscheinungsbild soll die gesellschaftlichen Unterscheide zwischen ihnen verbergen. Unter anderem umkreisen sie zunächst sieben Mal die Kaaba, ein würfelförmiges Gebäude in Mekka. In einer Wand der Kaaba ist der schwarze Stein, ein Meteorit, eingelassen, den sie küssen. Emotionaler Höhepunkt der Rituale ist die Wanderung zum Berg Arafât, wo sie sich unter dem arabischen Ruf »Labaika« (Da bin ich) ganz dem Willen Gottes unterstellen. Spektakulär ist die symbolische Steinigung des Teufels. Dabei werden sieben Steine auf eine Steinsäule geworfen. Eine Forderung an die Gläubigen ist die Schächtung eines Tiers, die an die Opferung Ismaels durch Abraham erinnern soll. Muslime sind davon überzeugt, dass nicht wie im Alten Testament Abraham Isaak sondern Ismael, den Stammvater der Araber opfern sollte.

Bedeutung der Pilgerfahrt heute

Trotz der heutigen modernen Verkehrsmittel wie dem Flugzeug oder klimatisierten Reisebussen ist die Pilgerfahrt für viele Muslime immer noch außergewöhnlich, bei der sich die Pilger großen körperlichen, finanziellen, vor allem aber geistigen Anforderungen gegenübersehen. Denjenigen, die die Reise unternommen haben, wird nach ihrer Rückkehr eine besondere Verehrung entgegengebracht. Die Heimkehrenden werden feierlich empfangen. In ägyptischen Dörfern werden die Hauswände der Pilger mit der Kaaba und dem für die Wallfahrt benutzten Verkehrsmittel bemalt. Alle Freunde, Nachbarn und Bekannte sprechen den Pilger zukünftig mit dem Ehrentitel Hâjjî (Pilger) oder Hâjja (Pilgerin) an.

Die jährliche Zahl der Mekka-Pilger beträgt etwa zwei Millionen Menschen. Die Tendenz ist steigend. Eine solch große Zahl von Menschen, die innerhalb einer relativ kurzen Zeit eine Anzahl von mehr oder weniger aufwändigen Ritualen in korrekter Form durchführen müssen, stellt eine organisatorische Herausforderung dar. Die Pilgergruppen müssen transportiert, untergebracht und verköstigt werden. Pilgerführer müssen sie zur rechten Zeit an den richtigen Ort bringen. Für das Opferritual muss die entsprechende Anzahl von Tieren bereitgestellt werden. Die ebenso komplexen wie schwierigen Organisationsaufgaben werden von speziellen Pilgerinstitutionen des Königreichs Saudi-Arabien erfüllt. In Deutschland lebende Muslime nehmen für die Pilgerfahrt die Hilfe von Hajj-Agenturen in Anspruch.

Den Pilgern wird bei der Pilgerfahrt, bei der sie auf Gläubige aus allen Teilen der Welt treffen, die Internationalität ihrer Religion bewusst. Solche, die sich in ihren Herkunftsregionen in Minderheitensituationen befinden, erleben in Mekka, dass sie einer weltumspannenden Gemeinschaft angehören. Die Pilgerfahrt war und ist zugleich ein Forum für die verschiedenen religiösen Schulen und Konfessionen des Islams, ihre Lehren einer Vielzahl von Menschen bekannt zu machen.

Opferfest und Tieropfer

Die Opferung eines Tieres durch die Pilger wird zur gleichen Zeit in der gesamten islamischen Welt mitvollzogen. Für Muslime wird auf diese Weise auch die Einheit des Islams weltweit dokumentiert. Aus diesem Anlass wird ein zwei Tage andauerndes Fest gefeiert, das den Namen »Großes Fest« ('Îd al-kabîr) oder auch Opferfest (Türkisch: Qurbân bayrami) hat. Bei der eigentlichen Opferhandlung nimmt das Familienoberhaupt die Schlachtung nach festgelegten überlieferten Regeln vor. Normalerweise wird ein Lamm geopfert.

Für Muslime in Deutschland, wie überhaupt in der Diaspora, ist die Durchführung des Schlachtens mit einer Reihe von Schwierigkeiten verbunden. Schon lebende Opfertiere zu finden ist – zumal in den großen Städten – nicht ganz einfach. Die Schlachtung hat darüber hinaus nach der deutschen Hygienegesetzgebung zu erfolgen. Inzwischen haben sich die muslimischen Dachorganisationen in Deutschland auf eine Reihe von Regularien verständigt und diese mit den Veterinärbehörden, die für ein ordnungsgemäßes Verfahren Sorge zu tragen haben, abgesprochen. Eine neuere Alternative ist eine Geldspende in Höhe der Kosten für ein Tier, die für karitative Zwecke, vor allem für Spenden an Hungernde in islamischen Ländern und darüber hinaus bestimmt werden.

Das geopferte Tier wird bei einem gemeinsamen Mahl verspeist, zu dem sich die gesamte Familie zusammenfindet. Unter Muslimen in Deutschland finden sich natürlich auch einige Vegetarier. Sie nehmen an dem gemeinsamen Essen teil, verzichten aber auf das Fleisch. Es gibt ja auch noch andere Gerichte bei dieser Gelegenheit. Was nicht verzehrt wird, verteilt man an Bedürftige. Aus Anlass des Festes werden die Kinder vor allem mit Süßigkeiten, aber zunehmend auch mit Spielsachen beschenkt. Verwandte, Freunde und Bekannte besuchen sich gegenseitig und beglückwünschen sich. Wenn wegen räumlicher Entfernung persönliche Kontakte nicht möglich sind, telefoniert oder skypt man miteinander. Auch der Austausch von schriftlichen Glückwünschen ist üblich. Dafür sind spezielle Glückwunschkarten in großer Auswahl auf dem Markt. Auch dieses Fest bietet Gelegenheit, bestehende Differenzen im Verwandten- und Bekanntenkreis beizulegen.

Der Jihâd als Glaubenspflicht

In früh-islamischer Zeit wurde der Jihâd (Glaubenskampf) als individuelle Glaubenspflicht aller Muslime aufgefasst. Je größer aber das islamische Herrschaftsgebiet wurde, umso schwieriger wurde es, den Glaubenskampf als individuelle Pflicht zu betrachten. Sie gehörte nun zur Individualpflicht des Beherrschers der Gläubigen, also des Kalifen. Je schwächer in der Folgezeit aber der islamische Staat wurde, umso stärker ging auch die Vorstellung von der Verpflichtung des muslimischen Herrschers zum Jihâd zurück. Stattdessen trat vor allem der defensive Charakter des Jihâd in den Vordergrund der innerislamischen Debatten. Als Losung galt nun: Wurde ein Teil der islamischen Welt angegriffen, war es Pflicht der Muslime, aber auch der Nichtmuslime in diesem Gebiet, zu den Waffen zu eilen.

Im islamischen Recht finden sich auch weitere Interpretationen: Eine Mehrheit der muslimischen Gelehrten ist heute der Ansicht, dass es sich beim Jihâd in einem ganz anderen Zusammenhang um eine Pflicht jedes Muslims handelt. Sie unterscheiden zwischen dem kleinen Jihâd, der mit Waffen als defensiver Kampf durchgeführt wird, und dem großen Jihâd, dem individuellen Bemühen jedes Muslims, seine Glaubenspflichten genau zu erfüllen und die Normen des Islams sorgfältig zu beachten. Der große Jihâd stellt nach diesem Verständnis also den Kampf des Gläubigen gegen die eigenen Schwächen und Nachlässigkeiten dar.

Vor allem seit den Attentaten des 11. September 2001 ist die Frage nach dem Jihâd freilich wieder ein häufiges Thema, wenn es um den Islam geht. Unter den islamischen Gelehrten herrscht keine Einigkeit darüber, ob bzw. in welchem Verständnis der Jihâd zu den Glaubenspflichten gehört oder nicht. Auch die mit den Jihâd-Vorstellungen verbundenen politischen und religionsgeographischen Konzepte sind nicht einheitlich. Was die Vorstellung von der Welt angeht, so vertritt die Mehrheit der Religionsgelehrten die folgende Anschauung: Die Welt besteht unter rechtlichen Gesichtspunkten aus mehreren Teilen. Der erste Teil zeichnet sich dadurch aus, dass in ihm das islamische Recht gilt. Dieser Bereich wird als Dâr al-Islâm (Gebiet des Islams) bezeichnet.

Gegenwärtig ist diese Definition nicht unproblematisch, weil ja in der Mehrheit der muslimischen Staaten nur Teile des islamischen Rechts Anwendung finden. Wie umfassend das islamische Recht das Zusammenleben in einem muslimischen Staat bestimmen muss, wird nicht definiert. Diesem Gebiet des Islams steht die Dâr al-harb (Gebiet des Krieges) gegenüber. In diesem Gebiet gilt das islamische Recht nicht. Muslime sollten sich in diesem Gebiet nur in Ausnahmefällen aufhalten. Da mit den sich verändernden internationalen Beziehungen die rigide Trennung der beiden Gebiete unrealistisch geworden ist, entwickelte das islamische Recht ein drittes Unterscheidungsmerkmal: die Dâr al-ahd (das Gebiet des Vertrags). In diesem Teil der Welt können Muslime ihrer Religion weitgehend ungestört nachgehen. Die Frage des Übergangs vom Gebiet des Krieges zum Gebiet des Vertrags ist bisher aber kaum ausreichend definiert. Diese Definition ist insofern für die Rechtsgelehrten schwieriger geworden, als seit den 1970er Jahren radikale Muslime diese Konstruktion ablehnen. Sie fühlen sich in einem ständigen Kampf gegen die Dâr al-harb, unter der sie nicht nur den Westen verstehen, sondern auch alle muslimischen Staaten, in denen das islamische Recht nicht vollständig zur Anwendung kommt.

Wie verstehen radikale Muslime den Jihâd heute?

Seit den 1970er Jahren verstehen die Theoretiker des radikalen Islams den Jihâd als die »vergessene Pflicht« der Muslime. Sie sind der Meinung, dass all die Muslime, die nicht ihren radikalen Vorstellungen folgen, als Ungläubige oder Apostaten angesehen werden müssen. Vor allem gegen diese muss der Jihâd geführt werden. Dieser muss sich an erster Stelle gegen die politischen und wirtschaftlichen Eliten der islamischen Länder richten, weil vor allem diese für die Entfremdung der Muslime vom »wahren Islam«, wie die Radikalen ihn verstehen, verantwortlich sind.

In diesem Zusammenhang ist es sinnvoll, die Stellung des Islams zu Ungläubigen und Abtrünnigen zu kennen: Unter Ungläubigen verstehen die muslimischen Gelehrten alle Angehörigen von Religionen, in denen mehr als ein Gott verehrt wird oder in denen es keine Religion gibt. Zur letzten Kategorie gehörten demnach alle dezidiert atheistischen Staaten. Als Ungläubige werden bei den großen Religionen vor allem Buddhismus und Hinduismus gesehen, die dem frühen Islam aber kaum bekannt waren. Anders verhielt es sich mit den animistischen Religionen auf der Arabischen Halbinsel. Gegen diese ging der Prophet Muhammad konsequent vor, wenn sie sich nicht zum Islam bekennen wollten: Sie wurden versklavt oder getötet. Wenn muslimische Herrscher bei der Ausbreitung ihrer Reiche auf andere Religionen trafen, war es häufig ein Erfordernis praktischer Politik, gegen die Angehörigen der fremden Religionen nicht mit Gewalt vorzugehen, solange die Muslime sich in der Minderheit befanden. In solchen Fällen wurden Angehörige einer fremden Religion mit den Mâjûs, den Angehörigen des Zoroastrismus gleichgesetzt, die zur Gruppe der Ahl al-Dhimma (Schutzbürger) gezählt wurden. Solche Phänomene konnte man auf dem indischen Subkontinent und in Westafrika feststellen.

Der Abfall vom Islam wird mit dem Tod bedroht. Das islamische Recht zählt einige Hinweise auf, die diesen Abfall erkennen lassen. Vom Islam abfallen kann man aber nur, wenn man bei vollem Verstand diesen Akt vollzieht. Kinder und Alte, bei denen die Verstandeskräfte noch nicht oder nicht mehr in Gänze vorhanden sind, dürfen also nicht hingerichtet werden. Gleiches gilt nach Auffassung etlicher Gelehrter auch für Frauen. Manche Gelehrte meinen auch, dass niemand außer Gott in der Lage ist, zu entscheiden, ob jemand tatsächlich vom Glauben abgefallen ist. Radikale Islamisten sind dagegen der Überzeugung, dass nur die, die ihrer Auffassung vom Islam zu folgen bereit sind, als wahre Muslime betrachtet werden dürfen. Die anderen sind Apostaten und dürfen getötet werden.

Warum greifen radikale Muslime dann Personen und Institutionen im Westen an? Radikale Muslime sind davon überzeugt, dass westliche Staaten die herrschenden Regime in der islamischen Welt in ihrem Kampf gegen den radikalen Islam politisch und militärisch unterstützen. Darüber hinaus glauben sie, dass »der Westen« durch seine wirtschaftliche Macht und kulturelle Aggressivität eine ständige Gefahr für islamische Gesellschaften, wie sie sie sich vorstellen, bedeutet.

Am Lebensende: Tod und Begräbnis

Wenn der Tod nicht unvorhergesehen eintritt, sind Verwandte und Freunde bei dem Sterbenden. Sie sprechen mit ihm oder für ihn das Glaubensbekenntnis. Nachdem der Tod eingetreten ist, erfolgt die Freisprechung: Die Verwandten und Freunde vergeben ihm Verfehlungen und bitten ihrerseits um Vergebung. In jüngster Zeit hat es lebhafte Debatten unter muslimischen Gelehrten um die Frage gegeben, wann der Tod eintritt. Ist der Hirntod entscheidend oder das Ende aller körperlichen Funktionen? Die Frage ist deshalb so wichtig, weil nach dem islamischen Recht Verstorbene möglichst am Tag des Todes bestattet werden sollten. Wenn der Hirntod als der entscheidende Zeitpunkt gilt, können lebensverlängernde Maßnahmen im Zusammenhang mit Organspenden nicht durchgeführt werden.

Für die Bestattung schreibt das islamische Recht vor, dass der Leichnam möglichst von Verwandten rituell gereinigt und in ein Leichentuch gehüllt wird. Er wird dann zum Friedhof getragen, wo er ohne Sarg dem Grab übergeben wird. Dabei wird er mit dem Gesicht in Richtung Mekka gelegt. Bei den Beerdigungszeremonien wird als Totengebet viermal Sure 17, 111 gebetet. Die Betenden bleiben dabei stehen. Ferner wird für den Verstorbenen gebetet. Der Leichnam wird mit Brettern bedeckt, ehe das Grab mit Erde verfüllt wird. In der Regel nehmen an den Bestattungen keine Frauen teil. Das ist auch bei der Bestattung anderer Frauen wie Mütter oder Töchter oder des Ehegatten der Fall. Die Waschungen werden in diesen Fällen freilich von Frauen vorgenommen. Laute oder exaltierte Trauerkundgebungen sind nicht gestattet. In der Folgezeit wird im Trauerhaus oder am Grab der Koran für das Seelenheil des Verstorbenen vollständig rezitiert.

Muslime, die in Deutschland gestorben sind, wurden lange Zeit in ihre Herkunftsländer überführt. Werden sie jedoch auf deutschen Friedhöfen bestattet, auf denen Sargpflicht besteht, werden sie in einem Sarg, der mit einer Schicht Erde gefüllt ist, beerdigt. Nach der Überzeugung zahlreicher Rechtsgelehrter sollte die Totenruhe bis zum Jüngsten Tag nicht gestört werden. Das hat auf deutschen Friedhöfen immer wieder zu Konflikten geführt. Inzwischen werden in Deutschland vermehrt muslimische Friedhöfe oder Gräberfelder eingerichtet, auf denen das muslimische Totenritual und die muslimische Totenruhe gilt. Zur Zeit reichen die zur Verfügung stehenden Grabstellen aus. In einigen Jahrzehnten werden die muslimischen Organisationen für die »Totenruhe bis zum Jüngsten Tag« neue Lösungen finden müssen.

Gesellschaften der religiösen Vielfalt

Kein einheitliches Bild

Muslime, die zu uns kommen, mögen durch ihr Glaubensbekenntnis geeint sein, ansonsten sind die Merkmale ihrer kulturellen und religiösen Identität auch durch Unterschiede bestimmt. Selbst einem eher flüchtigen Beobachter der religiösen Verhältnisse in den arabischen Ländern, im Iran, in Afghanistan, Pakistan oder in Eritrea kann nicht verborgen bleiben, dass sich mit dem Wort »Islam«, mit dem die Bewohner dieser Staaten konsequent in Verbindung gebracht werden, eine große Vielfalt von dogmatischen Vorstellungen, rituellen Praktiken und ethischen Normen verbirgt. In dieser Vielfalt liegt ein Teil der Ursachen, die zu Kriegen und Bürgerkriegen geführt haben. Armut, Ungerechtigkeit, Korruption, Machtmissbrauch, aber auch strategische Interessen muslimischer und anderer Staaten sind darüber hinaus von großer Bedeutung. Die religiösen Konflikte werden in vielen Fällen instrumentalisiert, um politische und wirtschaftliche Machtpositionen zu gewinnen oder zu erhalten, strategische Positionen zu festigen oder neue zu gewinnen. Für die Bevölkerung in den betroffenen Staaten aber sind diese Ursachen nicht immer durchsichtig. Für sie stehen vor allem die religiösen Themen im Vordergrund ihrer Erklärungen. In Ländern wie Ägypten, Irak, Iran, Afghanistan oder Pakistan finden sich zudem nicht nur unterschiedliche muslimische

Konfessionen, sondern auch ebenso verschiedene religiöse Minderheiten. In Ägypten etwa gehören ca. 10 Prozent der Gesamtbevölkerung der christlichen Gemeinschaft der Kopten an, aber es gibt auch Angehörige unierter orientalischer Kirchen und Protestanten. In Syrien machten bislang verschiedene christliche Kirchen bis zu 15 Prozent der Bevölkerung aus. Gleiches gilt für den Irak, wo lange Zeit auch die älteste jüdische Gemeinde, die ihre Geschichte noch auf das babylonische Exil zurückführen konnte, existierte. Dort gibt es auch weitere religiöse Gruppen wie die Mandäer oder Sabäer, die auch Johanneschristen genannt werden. Nach den kriegerischen Auseinandersetzungen hat sich das geändert. Inzwischen hat sich eine Mehrheit dieser christlichen Gruppen in Australien angesiedelt. Im kurdischen Irak, aber auch in Syrien und der Türkei leben des Weiteren die Angehörigen einer Religionsgemeinschaft, die christliche, muslimische und alt-orientalische Glaubensvorstellungen verbindet, die Jesiden. Im Iran leben neben vor allem armenischen Christen auch Anhänger der alten Religion der Zoroastrier und einige heute verfolgte Bahai. Bis zur ›Islamischen Revolution‹ von 1979 im Iran gehörten auch jüdische Gemeinden zum Alltag, deren Mitglieder meist in Handwerk und Handel engagiert waren.

Wie reagieren Muslime auf den religiösen und kulturellen Pluralismus?

Muslime reagieren auf die verschiedenen religiösen und kulturellen Angebote in Deutschland unterschiedlich. Zuwanderer aus Ägypten, Irak, Iran, Libanon oder Syrien kennen aus ihren Herkunftsländern das Zusammenleben mit religiösen Minderheiten. Vielleicht müssen sie sich an ihre Minderheitensituation gewöhnen. Manchen fällt es nicht leicht. Zuwanderer aus Afghanistan oder Nordafrika kommen aus Ländern ohne religiöse Minderheiten. Ihnen fällt ihre Minderheitensituation in Deutschland noch schwerer. Eine häufige Reaktion ist der Zusammenschluss in neuen Moscheegemeinden. Sie schließen sich also nicht vorhandenen türkischen Gemeinden an, sondern gründen ihre algerischen, irakischen, syrischen oder ägyptischen Gemeinden, wenn solche noch fehlen oder besuchen in großen Städten die entsprechenden Moscheen ihrer Herkunftsländer. Hier finden sie neben dem religiösen Bereich auch Unterstützung im sozialen Bereich und im Umgang mit der deutschen Bürokratie durch erfahrene Mitgläubige. Diese Situation wirkt einer Vereinheitlichung islamischer Strukturen entgegen. In allen Fällen kommt es zu einer stärkeren religiösen Bindung an die eigene Gemeinde, in manchen Fällen auch zu einer Abschottung. Eine Radikalisierung ist in der Regel eher in Konvertitenkreisen und bei Muslimen der zweiten oder dritten Generation festzustellen. Das gilt auch für politische oder religiöse Konflikte in den Heimatländern. Sie werden vor allem gegenüber der deutschen Öffentlichkeit zum Ausdruck gebracht. Man denke an die Konflikte zwischen Kurden und Türken.

Die Haltung des Islamischen Rechts zu religiösen Minderheiten

Wer die Reaktion von Muslimen auf die Situation von Mehrheit und Minderheit verstehen will, sollte die aktuelle Rechtssituation nichtmuslimischer Minderheiten in islamisch geprägten Ländern kennen. Und wer die wiederum verstehen will, muss in die Vergangenheit zurückblicken: Dem Propheten Muhammad waren neben den animistischen Vorstellungen seiner Landsleute auf der Arabischen Halbinsel die monotheistischen Religionen von Juden und Christen bekannt. Da sie über Offenbarungsschriften verfügen, die vom Islam anerkannt werden, sah er zahlreiche Gemeinsamkeiten. Juden und Christen werden in den frühen Texten als Ahl al-kitâb (Leute des Buches) bezeichnet. Bei den Juden handelte es sich um verschiedene Stämme, die vor allem in Medina, der ersten Hauptstadt der muslimischen Herrschaft, lebten. Über die Christen in Mekka finden sich nur wenige Informationen. Wahrscheinlich setzten sie sich aus den Angehörigen verschiedener orientalischer Konfessionen zusammen. Lediglich in der Oase Najran im Süden der Arabischen Halbinsel gab es eine Konzentration von Christen. Mit ihnen schloss der Prophet Muhammad einen ersten Vertrag ab. Darin wurde den Christen gegen die Zahlung eines Tributs Religionsfreiheit zugesichert.

Da die jüdischen Stämme von Medina Muhammad als Propheten nicht anerkennen wollten und dadurch für die junge muslimische Gemeinde eine politische Gefahr darstellten, bekämpfte er sie mit Gewalt und ließ sie aus der Stadt vertreiben. Das änderte aber grundsätzlich nichts an deren Zugehörigkeit zu den »Leuten des Buches«. Muhammad führte die Unterschiede zwischen seiner Lehre und der der Juden und Christen darauf zurück, dass diese ihre heiligen Bücher und ihre Lehre verfälscht hätten. Das islamische Recht bezeichnet sie auch als Ahl al-dhimma (Leute des Schutzvertrags), den einzelnen Juden oder Christen als Dhimmî. Um im muslimischen Staat und unter seinem Schutz leben zu können, mussten sie eine Kopfsteuer (Jizya) bezahlen, die häufig mit Hilfe der jeweiligen religiösen Oberhäupter eingetrieben und bezahlt werden musste. Dadurch entstand eine Stärkung der inneren Strukturen der jeweiligen religiösen Gemeinschaft auch in einem politischen Sinn. In der Zeit des Osmanischen Reichs (1299–1922) wurden diese Gemeinschaften als Millet bezeichnet. Auch die islamische Gemeinschaft wurde dort als Millet bezeichnet. Die Minderheiten-Millet waren in Fragen des Religions- und Familienrechts autonom. In vielen nahöstlichen Staaten haben daher die christlichen Konfessionen immer noch in einigen zivilrechtlichen Bereichen die Autonomie über ihre Kirchenmitglieder.

Größte islamische Konfession: die Sunniten

Die größte Gruppe des Weltislam ist die der Sunniten. Sie machen mehr als 85 Prozent der rund 1,6 Milliarden Muslime auf der Welt aus. In den meisten Staaten mit muslimischer Bevölkerung bilden sie die Mehrheit. Sie verstehen sich als die Bewahrer der eigentlichen Orthodoxie des Islams. Die Sunniten unterscheiden aktuell vier Rechtsschulen, die sich gegenseitig anerkennen. In ihrer Dogmatik und religiösen Praxis stützen sie sich auf den Koran, die Prophetentraditionen (Hadîth), den Analogieschluss (Qiyâs) und Konsens der Gelehrten (Idjmâ'). Grundsätzlich erkennen die Sunniten auch die Schiiten als gläubige Muslime an. Inzwischen gibt es aber auch starke Unterschiede innerhalb der Sunniten, die die religiöse Praxis und die Regeln des Alltagslebens betreffen.

Die sunnitischen Rechtschulen

Die sunnitischen Rechtsschulen entstanden zwischen der Mitte des 8. und dem Ende des 9. Jahrhunderts. In dieser Zeit hatten sich die sozialen und kulturellen Bedingungen in der islamischen Welt so entwickelt, dass der Koran und die Prophetentraditionen als die wichtigsten Quellen des islamischen Rechts nicht mehr für alle Lebensfragen der Muslime Antworten gaben. Andererseits muss ein Muslim aber bei allen seinen Handlungen bedenken, wie sich diese für ihn vor Gott auswirken. Man kann diese Taten in verschiedene Kategorien einteilen. Manche Handlungen wie das Gebet sind verpflichtend, andere werden als »schön« bezeichnet; zum Beispiel, wenn man mehr betet oder öfter fastet als vorgeschrieben. Wieder andere Taten sind als ethisch neutral anzusehen. Das könnte die Unterhaltung mit Freunden sein. Und schließlich gibt es Handlungen die »hässlich« oder »verpönt« sind wie die Verschwendung von Lebensmitteln und noch weitere, die als absolut verboten betrachtet werden, wie die ungerechtfertigte Tötung eines Menschen. Nicht jeder Muslim ist in der Lage, seine verschiedenen Handlungen den einzelnen Kategorien zuzuordnen. Darf eine Muslimin sich schminken oder die Fingernägel lackieren? Darf ein Muslim ein teures Auto fahren? In einem solchen Fall kann er sich an einen Rechtsgelehrten (Muftî) wenden, der ihm einen entsprechenden Hinweis gibt, eine Fatwa (Rechtsgutachten). Ein Sunnit kann sich an eine solche Auskunft halten, muss es aber nicht. Diese Praxis hat seit ihren Anfängen zu vielen Millionen von Rechtsgutachten geführt. Heute beziehen sich die Gelehrten gerne auf bedeutende Vorgänger, müssen aber mit dem technologischen Fortschritt auch immer wieder innovativ sein. Inzwischen werden Rechtsgutachten der Gelehrten auch durch die elektronischen Medien erfragt und verbreitet.

Die Rechtschulen sind in unterschiedlichen Ländern schwerpunktmäßig verbreitet. Die älteste, die hanafitische Rechtsschule, nach ihrem Gründer Abû Hanîfa (gest. 676) benannt, ist vor allem in den Ländern verbreitet, in denen früher das Osmanische Reich bestand. Dazu gehören heutige Staaten wie die Türkei, Bosnien, der Irak, Syrien, Palästina und Jordanien, aber auch Ägypten. Neben den genannten Rechtsquellen, Koran, Hadîth, Analogieschluss und Konsens der Gelehrten nutzen die hanafitischen Rechtsgelehrten auch die persönliche Ansicht und das »Für-angemessen-Halten« einer Handlung. Die hanafitische Rechtsschule wird auch von Muslimen als die am wenigsten strenge eingeschätzt.

Die malikitische Rechtsschule geht auf den Gelehrten Malik Ibn Anas (gest. 706) zurück. Sie ist vor allem in Nordafrika und im subsaharischen Afrika verbreitet. Neben den vier wichtigsten Rechtsquellen nutzt sie auch die Idee vom allgemeinen Wohl oder allgemeinen Interesse für ihre Entscheidungen. Sie gilt im Vergleich zu den Hanafiten als streng.

Die schafi'itische Rechtsschule wurde von dem Gelehrten al-Schâfi'î (gest. 820) gegründet. Verbreitet ist sie vor allem in Südostasien, Ostafrika und im Süden der Arabischen Halbinsel. In der Arabischen Welt existiert sie parallel zu den Hanafiten. Sie benutzt ausschließlich die vier wichtigsten Rechtsquellen. Vor allem weil sie keine weiteren Rechtsquellen verwendet, gilt sie ebenfalls als streng.

Die jüngste Rechtsschule ist die hanbalitische, gegründet von Ahmand Ibn Hanbal (gest. 855). Sie gilt als die strengste der sunnitischen Rechtsschulen und konzentriert sich fast ausschließlich auf den Koran als Rechtsquelle. Der heilige Text darf auch nicht durch exegetische Eingriffe umgedeutet werden. Daneben stützt sie sich auch auf die Prophetentraditionen und das Vorbild der al-Salaf al-Sâlih, der frommen Altvorderen, der Zeitgenossen des Propheten Muhammad. Nach ihnen benennen sich auch die Salafisten. Die hanbalitische Form des Islams ist offiziell die einzige Rechtsform in Saudi-Arabien. Sie wird aber auch von allen radikal-islamistischen sunnitischen Gruppen und Organisationen befolgt und wird als die bei Weitem strengste Rechtsschule angesehen.

Rechtsgelehrte absolvieren ein Studium der islamischen Rechtsgelehrsamkeit. Das können sie heute an bedeutenden Stätten des islamischen Wissens tun. Für die sunnitische Welt ist die bedeutendste Lehrstätte die al-Azhar-Universität in Kairo, an der man seit mehr als 1000 Jahren über Fragen des islamischen Rechts nachdenkt und Studierende ausbildet. Seit etwa 50 Jahren nehmen auch Studentinnen an dieser Ausbildung teil. Die Absolventinnen sind als Seelsorgerinnen für Frauen, Religionslehrerinnen, aber auch als Vorbeterinnen für Beterinnengruppen tätig. Das Studium wird mit einer

Prüfung abgeschlossen. Eine Weihe oder ein anderer Übergangsritus findet dagegen nicht statt. Sunnitische Rechtsgelehrte können nach ihrem Studium an einer Moschee als Vorbeter, Prediger angestellt werden und nehmen zugleich ihre Aufgaben als Mufti wahr. Auch in Deutschland gibt es muslimische Rechtsgelehrte. Einige sind an größeren Moscheen tätig, andere haben sich als Rechtsgutachter selbstständig gemacht und betreiben eine entsprechende Praxis.

Konkrete Rechtsfragen

Ein konkretes Beispiel für eine Rechtsfrage: Darf ein Mann ein Toupet tragen? Antwort: Er darf kein Toupet benutzen. Denn es muss als Gottes Wille angesehen werden, dass er seine Haare verliert. Eine Ausnahme ist möglich, wenn er durch die Kahlheit schwere psychische Probleme erleidet.

Neben diesen eher unwichtigen Fragen gibt es aber auch zahlreiche sehr viel schwerwiegendere. Zu ihnen gehören grundlegende Themen, mit denen sich in gleicher Weise auch die Ethiker anderer Religionen befassen müssen. Dabei kann es sich um Fragen der künstlichen Befruchtung ebenso handeln wie Fragen der Euthanasie. In vielen Fällen handelt es sich um so komplexe Probleme, die schon wegen ihrer technischen, medizinischen oder ökonomischen Aspekte von den Rechtsgelehrten alleine nicht gelöst werden können. Daher gibt es heute Fatwa-Zentren, in denen diese Fragen in einem interdisziplinären Rahmen angegangen werden. Am bekanntesten ist die Akademie für Islamisches Recht in Saudi-Arabien, eine Unterabteilung der Liga der islamischen Welt. Vor einigen Jahren wurde hier die Frage nach der Einstellung der medizinischen Behandlung bei einem Totkranken diskutiert. In einer Kommission befand man: Wenn mit Sicherheit zu erwarten sei, dass der Patient nicht mehr genesen werde, könne die weitere Behandlung eingestellt werden. Im Plenum der Akademie protestierten dann aber einige Gelehrte dagegen. Man könne doch gar nicht wissen, ob es nicht durch das Eingreifen Gottes doch zu einer Heilung kommen werde. Daher wurde diese Frage bisher nicht endgültig geklärt.

Welche Bedeutung hat nun ein Rechtsgutachten? Darin, dass ein sunnitischer Muslim einem Rechtsgutachten nicht folgen muss, besteht in der Tat ein gewisses Problem. Grundsätzlich könnte der Gläubige sich an einen anderen Rechtsgelehrten wenden und ein weiteres Gutachten einfordern, in der Hoffnung, dass dieses seinen Intentionen eher entspricht als das erste. Das islamische Recht hat eine ganze Palette von Rechtskniffen (Hîla, Pl. Hiyal) entwickelt, durch die man Vorschriften umgehen könnte. In der Rechtspraxis haben sich solche Versuche kaum als die Regel erwiesen. Denn man muss von einer grundsätzlichen Haltung der Rechtssuchenden ausgehen: Ein Gläubiger, der sich Gedanken über sein Seelenheil macht und sich deshalb an einen Gelehrten mit großer Autorität wendet und für das Gutachten auch noch ein Honorar bezahlen muss, wird die entsprechenden Hinweise annehmen und beachten.

Größte muslimische Minderheit: die Schiiten

Schiiten bilden die größte Minderheit innerhalb des Islams. Die verschiedenen Gruppierungen dieser Glaubensrichtung machen etwa 15 Prozent der Muslime aus. Heute stellen sie im Libanon, im Irak, in Bahrain, in einigen Regionen Südasiens wie in Pakistan vor allem aber im Iran die Mehrheit der Bevölkerung.

Die schiitische Form des Islams hat ihren Ursprung in der ungeklärten politischen Situation der frühen islamischen Gemeinde nach dem Tod des Propheten Muhammad im Jahr 632. Eine verbindliche Nachfolgeregelung hatte der Prophet nicht getroffen. In der Frage, wer die Gemeinde in Zukunft leiten sollte, standen sich zwei Fraktionen gegenüber. Auf der einen Seite stand einer der ersten Anhänger des Propheten Muhammad mit Namen Abû Bakr (gest. 634), der zugleich sein Schwiegersohn war. Ihm schlossen sich eine Reihe von führenden Gemeindemitgliedern an. Auf der anderen Seite sammelten sich die Gläubigen, die für Ali, den Cousin und Schwiegersohn Muhammads, votierten. Sie wurden Shî'at 'Alî (Partei Alis) genannt, daher der Name Schiiten. Abû Bakr setzte sich durch und wurde Kalif. Ali musste bis zum Jahr 656 warten, ehe er die Führung der inzwischen fast zu einem Weltreich gewachsenen Gemeinde übernahm. Ali wurde 661 ermordet. Zuvor hatte er sich mit dem Statthalter von Damaskus Mu'awiyya (602–680) politisch wie militärisch auseinanderzusetzen, der schlussendlich obsiegte und die erste Dynastie der islamischen Geschichte, die der Omayyaden von Damaskus (661–750) gründete. Gegen die Herrscher von Damaskus erhob sich in Teilen des Reiches Widerstand, unter anderem auch 680 in Kufa in Mesopotamien. Die Aufständischen riefen den Prophetenenkel Hussein zur Hilfe, der sich von Medina aus auf den Weg ins Zweistromland machte. Ehe er nach Kufa kam, war der Aufstand zusammengebrochen. Hussein und seine Begleitung wurden in der Ebene von Kerbela von einer omayyadischen Einheit aufgehalten. Er selbst und alle männlichen Mitglieder seiner Gruppe wurden getötet. Damit beginnt die eigentliche Spaltung des Islams in die Konfessionen von Sunniten und Schiiten. An dieses Massaker erinnern die Schiiten mit großen Trauerfeierlichkeiten in den ersten zehn Tagen des Monats Muharram, des ersten Monats des islamischen Kalenders. Auch für Sunniten ist der gewaltsame Tod des Prophetenenkels ein Grund zur Trauer. Die Trennung der beiden Konfessionen wird als »große Heimsuchung« des Islams betrachtet.

Die Bedeutung Husseins ist auch für heutige Schiiten zentral: Nach der schiitischen Tradition wusste Hussein durch die Botschaft eines Engels, aber auch durch die Warnungen von Reisenden, dass er dem sicheren Tod entgegengehe. Dennoch setzte er seinen Weg fort und nahm den Märtyrertod als Sühne für die Sünden der Menschen auf sich. Damit ist er der größte Heilige des schiitischen Islams. Nach ihm werden immer noch viele männliche Kinder benannt. Sein Leben und Sterben ist allen schiitischen Muslimen immer gegenwärtig.

Wie unterscheiden sich Schiiten dogmatisch von den Sunniten?

Nach sunnitischen Vorstellungen ist ein Muslim unmittelbar zu Gott. Um den Willen Gottes zu erfüllen, bedarf es keiner Vermittlungsinstanz wie der eines Priesters, Lamas oder Schamanen. Schiiten sind dagegen davon überzeugt, dass die Gläubigen nur durch die Vermittlung und Anleitung durch einen Imam das Heil erlangen können. Im Gegensatz zu den Sunniten, bei denen der Imam lediglich ein Vorbeter ist, verfügt der Imam bei den Schiiten über die besondere Fähigkeit, die äußere, aber auch die innere Bedeutung des Korans zu erkennen. Dieses Wissen kann er an die Gläubigen weitergeben. Nach der Überzeugung der Schiiten wird der Mensch ohne die Führung durch den Imam das Heil nicht erlangen. Als erster Imam gilt Ali. Daher wird das allgemeine islamische Glaubensbekenntnis bei den Schiiten durch folgenden Zusatz ergänzt. Es lautet also: »Es gibt keinen Gott außer Gott, und Muhammad ist der Gesandte Gottes, und Ali ist der Freund Gottes.« In dem Moment, in dem ein Imam stirbt, gibt er sein Wissen und seine Fähigkeiten an einen von ihm bestimmten Nachfolger weiter. In der schiitischen Geschichte hat es bei einer solchen Nachfolge immer wieder Streitigkeiten gegeben. Einige Gruppen meinten, dass die Reihe der Imame nach fünf, andere nach sieben und schließlich wieder andere nach zwölf Imamen abgebrochen sei. Die Gruppe, die diese Auffassung vertritt, die Zwölferschia, bildet heute die größte schiitische Konfession.

Das Warten auf den Mahdî

Da ein schiitischer Gläubiger nicht ohne die Leitung durch einen Imam sein Leben gottgefällig führen kann, wurde der Abbruch der Kette der Imame zunächst nicht wahrgenommen oder akzeptiert. Vor allem die Zwölferschiiten glaubten, dass sich der letzte Imam der Reihe von zwölf Imamen seit 873/74 in der Verborgenheit befinde und durch die Hilfe von Sendboten seine Gemeinde anleite. Um 941 erklärten schiitische Gelehrte dann, dass sich der zwölfte Imam in der »großen Verborgenheit« befinde und einmal als Mahdî zurückkehren werde.

Das arabische Wort Mahdî bedeutet »der (von Gott) Rechtgeleitete« und kann auch mit dem Begriff Messias wiedergegeben werden. Im Koran ist von dieser Gestalt keine Rede, wohl aber in den Prophetentraditionen. Dort heißt es, dass vor dem Ende der Zeiten der Mahdî erscheinen werde, um ein tausendjähriges Reich der Gerechtigkeit, des Wohlstands und des Friedens zu errichten. Erst danach trete das Jüngste Gericht ein. Er werde zunächst aber gegen den Dajjâl kämpfen. Sein wichtigster Begleiter werde bei diesem Kampf Jesus sein. Auch Sunniten kennen diese Gestalt der Heilserwartung. Für die Schiiten kann der Mahdî aber nur der verborgene Imam sein, dessen Ankunft sie sehnlichst erwarten. Zu den Hinweisen auf das Nahen des Mahdî gehört, dass Ungerechtigkeit und Frevel die Welt erfüllen, dass ungerechte Herrscher an der Macht sind und inkompetente und lügnerische Religionsgelehrte die Religion verfälschen. Je schlimmer die Situation sich darstellt, umso näher rückt das Kommen des Mahdî.

Die Bedeutung des Mujtahid in der Schia

Zunächst glaubte man, dass der verborgene Imam durch Träume oder andere Zeichen seine Anhänger weiter leitet. In einem längeren Prozess entwickelte sich dann die Überzeugung, dass die schiitischen Religionsgelehrten selbst die Leitung der Gläubigen übernehmen müssten. Daher wählt sich jeder schiitische Gläubige einen Religionsgelehrten, einen Mujtahid, der den Gläubigen durch seine Rechtsgutachten auf dem rechten Weg begleitet. Hat sich ein Schiit einmal für einen bestimmten Religionsgelehrten entschieden, muss er sich bis zu dessen Tod an die Anweisungen dieses Mujtahid halten. Dann ist ihm das Heil gewiss. In dieser besonderen Bindung besteht der wesentliche Unterschied zu den Sunniten.

Die grundlegende Bedeutung eines schiitischen Rechtsgelehrten besteht in seiner absoluten Autorität gegenüber seinen Anhängern. Diese kann sich auch auf den politischen Bereich beziehen. Für seine religiöse Führung erhält der Gelehrte von ihnen eine jährliche finanzielle Zuwendung. Bei der heute in die Millionen gehenden Zahl der Anhänger kommen dadurch erhebliche Summen in Form von Spenden zusammen. Der Aufwand der Verwaltung dieser Spendengelder ist anspruchsvoll. Die gespendeten Mittel nutzen die Gelehrten für den Unterhalt der von ihnen gegründeten Schulen und ihrer Schüler, aber auch für karitative Einrichtungen und zu einem kleinen Teil für ihren persönlichen Unterhalt und den ihrer Familien.

Für das Amt und die Funktionen des Mujtahid (abgeleitet von dem Wort Ijtihâd in der Bedeutung »eigene Urteilsbildung über rechtlich-theologische Fragen« gibt es eine Ausbildung, die an bedeutenden theologischen Hochschulen stattfindet. Im Irak sind das die Schulen in Kerbela und Najaf und im Iran in Qumm und Maschhad. Das Curriculum dieser Hochschulen ist thematisch weitgehend festgelegt. Zu den Fächern gehören neben dem Studium des Korans und der Koranexegese, des religiöses Rechts, der Philosophie und anderer theologischer Disziplinen aber auch säkulare Wissenschaften wie Geographie und Astronomie. Im Iran wurden nach der »Islamischen Revolution« von 1979 zusätzlich auch Soziologie, Psychologie und Grundlagen der Wirtschaftswissenschaften eingeführt. Die verschiedenen Studienabschnitte werden durch mündliche und schriftliche Prüfungen angeschlossen. Nach erfolgreicher Prüfung erhalten die Gelehrten je nach Art des Abschlusses Rangbezeichnungen wie den des Hujjat al-Islâm (Beweis des Islams). Der höchste Titel ist der des Âyat Allah, oder Ayatollah (Wunder Gottes). Nur wenige Gelehrte erreichen diesen Rang. Das Studium an den schiitischen theologischen Hochschulen kann bis zu 20 Jahre dauern.

Rangordnung und Konkurrenz der schiitischen Gelehrten

Wenn jeder Schiit sich einem Gelehrten anschließen muss, gilt das auch für junge schiitische Gelehrte. Auch sie stehen in einem Abhängigkeitsverhältnis zu einem bedeutenden Mujtahid und dieser wieder in solch einem Verhältnis zu einem anderen Mujtahid. Auf diese Weise entsteht eine Hierarchie von Rechtsgelehrten, an deren Spitze ein höchster Ayatollah steht, der auch Marja'al-taqlîd (Quelle der Nachahmung) genannt wird. Es gibt keine Regeln, nach denen diese Position besetzt wird. Stattdessen existieren immer wieder mehrere höchste Ayatollahs nebeneinander, die in Konkurrenz stehen. Bis schließlich einer von allen Schiiten anerkannt wird, kann etliche Zeit vergehen. Der letzte Marja'al-Taqlîd, Abû l-Qâsim al-Khô'î starb 1992. Bis heute gibt es noch keinen eindeutigen Nachfolger.

Unter den schiitischen Gelehrten gibt es nicht nur Konkurrenz, sondern auch Kontroversen. Der wichtigste Unterschied hängt mit der Frage des politischen Aktivismus von Gelehrten zusammen. Grundsätzlich gehen die Gelehrten davon aus, dass jede politische Herrschaft außer der durch einen Imam unzulässig ist. Sie akzeptieren eine andere Herrschaft, weil es sonst zu chaotischen Verhältnissen auch unter Schiiten kommen könnte. Seit dem Jahr 1501, als unter der Herrschaft der Safawiden (1501–1722) die schiitische Form des Islams im Iran Staatsreligion wurde, haben die Gelehrten vor allem darauf geachtet, dass das Land »Heimstatt« des schiitischen Islams bleibt. Ansonsten nahmen sie zu politischen Fragen nur dann Stellung, wenn für die Schia im Iran eine ernsthafte Gefahr gesehen wurde. Im Übrigen nahmen sie eine eher quietistische Haltung ein. Im 19. und 20. Jahrhundert gab es einige Male eine Situation, in der sie glaubten, eingreifen zu müssen und sich erfolgreich mit Aufrufen an ihre Anhänger wandten. Einer der einflussreichsten Gelehrten des 20. Jahrhunderts, der Ayatollah Ruhollah Khomeini (1902–1989), meinte, dass die Rechtsgelehrten ihre quietistische Haltung aufgeben und sich auch direkt in die Tagespolitik einmischen müssten. Die Konsequenz aus dieser Position war, dass er selbst und seine Anhänger die Politik im Iran seit 1979/80 bestimmen. Das Argument der Kritiker gegen diese Forderung lautete, wie folgt: Religionsgelehrte sind nicht in der Lage über Fragen des Straßenverkehrs, der internationalen Handelsverhältnisse oder der Krankenversicherungsregeln kompetent zu urteilen. Aus dieser Inkompetenz ergeben sich notwendig Fehler, die die Lebenswirklichkeit der Bevölkerung direkt betreffen. Weil die fehlerhaften Entscheidungen von Religionsgelehrten verantwortet werden, kann das nicht nur auf die Vertreter der Religion, sondern auch auf die Religion selber bezogen werden. Die Folge kann eine weitere Entfremdung der Gläubigen von der Religion sein. Außerhalb der iranischen Schia ist die Mehrheit der hohen Rechtsgelehrten der Meinung, dass sich die quietistische Position auf lange Sicht als die überzeugendere durchsetzen wird.

Wie sehen die Sunniten die Unterschiede gegenüber den Schiiten?

Nur in Ländern wie dem Libanon oder dem Irak sind sich Sunniten der realen Unterschiede zu den Schiiten bewusst. Sie haben über Jahrzehnte und Jahrhunderte miteinander gelebt. Dennoch gibt es verschiedene Vorurteile und Fehlinterpretationen. So wird zum Beispiel gerne behauptet, dass Schiiten gegenüber Nichtschiiten lügen dürften. Dahinter steckt das Konzept der Taqiyya. Das bedeutet so viel wie Verbergen. Schiiten ist erlaubt, ihre Religion zu verleugnen, wenn sie sich in einer eindeutigen Minderheitssituation befinden. Die Religionsgelehrten wollten dadurch vermeiden, dass sich Schiiten in der Hoffnung auf das Paradies zu ihrer Religion bekennen und in der Folge als Apostaten getötet würden. Solche Verluste hätten die Gemeinschaft der schiitischen Muslime schwächen können. Die Taqiyya bot daher eine Möglichkeit, seinen Glauben nur heimlich zu praktizieren und sich im Übrigen der Gemeinschaft, in der man lebte, anzupassen.Der andere weit bekannte Unterschied betrifft die sogenannte Zeitehe (s. dazu Kapitel Ehe). Der Grund für diese aus europäischer Sicht merkwürdig anmutende Praxis: Nach den Regeln des islamischen Rechts ist jeder sexuelle Kontakt außerhalb der Ehe als Unzucht aufzufassen und wird bestraft. Männer, die auf einer Geschäftsreise oder auf der Pilgerfahrt Umgang mit Frauen pflegen wollen, würden sich versündigen, wenn sie dies ohne einen legitimen Ehevertrag tun würden. Daher nutzen sie die Einrichtung der Zeitehe, die auch als Genussehe bezeichnet wird. Angesichts dieser Form der Ehe sowie der Erlaubnis, seine Religion zu verbergen, wird Schiiten vorgeworfen, dass sie Fremde belügen dürften und Prostitution erlauben würden.

Die Besonderheit der Alewiten

Der Zwölferschia am nächsten stehen die türkischen Alewiten, die im 16. Jahrhundert entstanden sind. Sie waren stark beeinflusst von Schah Ismail I. (1487–1524), der die Schia zu Staatsreligion im Iran gemacht hatte. Nach und nach verwandelten sich die Alewiten in eine synkretistische Gemeinschaft, in die muslimische, christliche und andere religiöse Vorstellungen einflossen. Sie verfügen über heilige Bücher und erkennen Koran, Thora und Evangelium an. Die Alewiten glauben an eine Wahrheit, die allmächtig, ewig und allgegenwärtig ist. Diese Macht legt dem Menschen Aufgaben und Pflichten auf. Dies geschieht durch die Vermittlung Alis, nach dem sie sich benennen. Aber auch Moses, Jesus und Muhammad werden von den Alewiten verehrt. Die Alewiten kennen Gebete, sind aber nicht verpflichtet, diese zu einer bestimmten Zeit und unter festgelegten Bedingungen zu vollziehen. Sie finden sich zu Ritualen zusammen, an denen Männer und Frauen gleichberechtigt teilnehmen. Dabei werden Gebete rezitiert und Predigten gehalten. Die Alewiten kennen auch ein Sündenbekenntnis. Es gibt Fastentage im Trauermonat Ramadan, bei denen nur alle drei Tage eine leichte Mahlzeit verzehrt werden darf. Zweck des Fastens ist nach alewitischer Überzeugung Reinigung und Meditation.

Die gesellschaftliche Stellung der Frau ist bei den Alewiten stärker als in der sunnitischen Umgebung. Man sieht sie häufig ohne Kopftuch. Vor allem können Frauen die Funktion des Oberhaupts einer Familie einnehmen, wenn sie dazu besser geeignet sind als die Männer. Die türkischen Alewiten haben daher den Ruf, liberaler, aufgeschlossener und fortschrittlicher als die türkischen Sunniten zu sein.

Viele türkische Religionsgelehrte sehen die Alewiten freilich als Apostaten. Daher verstanden sich Alewiten lange Zeit als eine eigenständige religiöse Gruppe. Inzwischen bemühen sich Alewiten in Deutschland darum, von der Mehrheitsgesellschaft und ihren Institutionen, aber auch von den sunnitischen Verbänden als Muslime anerkannt zu werden. Bisher haben sich letztere aber noch nicht eindeutig zu dieser Thematik geäußert.

Religiöse und politische Besonderheiten der syrischen Alewiten

Die syrischen Alewiten werden auch Nusairier genannt, nach dem Gelehrten Muhammad Ibn Nusair (9. Jahrhundert). Sie leben vorwiegend in den ländlichen Gebieten des nördlichen Mittelmeerküste Syriens in der Nähe der Stadt Latakiyya und in der türkischen Provinz Hatay. Ihre komplexen Lehren wurden lange Zeit geheim gehalten und erst Ende des 19. Jahrhunderts teilweise bekannt. Wie die türkischen Alewiten steht im Mittelpunkt ihrer religiösen Vorstellungen die Gestalt Alis. Sie verehren diesen jedoch als ewigen Gott und werden daher von Sunniten nicht als Muslime betrachtet. Die Haltung der Schiiten ihnen gegenüber ist unentschieden. Die Nusairier verstehen sich dagegen als mit den Schiiten verwandt, fühlen sich ihnen aber wegen ihrer stärkeren Verehrung Alis überlegen. Durch lange Phasen ihrer Geschichte wurden sie durch sunnitische Herrscher verfolgt und verbargen daher ihre Zugehörigkeit zur Nusairiyya. Seelenwanderung und Wiedergeburt spielen in ihren Vorstellungen eine große Rolle. Die Kette der Wiedergeburten kann beendet und die Menschen in Sterne verwandelt werden. Frauen sind aus ihr ausgeschlossen.

Landestypische Prägungen und Traditionen

Herkunft und Geschichte

Schon das äußere Erscheinungsbild der Muslime, die uns in Deutschland begegnen, verweist auf die kulturelle und ethnische Vielfalt ihrer Herkunft. Es verweist zudem auf die Geschichte der Verbreitung des Islams in der Welt. Staaten mit einer muslimischen Mehrheitsbevölkerung erstrecken sich über einen breiten Gürtel der Welt zwischen Mauretanien und Senegal im Westen, Afghanistan und Pakistan im Osten, zwischen den zentralasiatischen Republiken Usbekistan und Kirgisien im Norden, Nigeria, Somalia und der Inselwelt Indonesiens im Süden. Neben Pakistan bekennt sich auch in Bangladesch auf dem indischen Subkontinent eine Mehrheit der Bevölkerung zum Islam. Mehrheiten finden sich auch auf den Inselgruppen der Seychellen und der Komoren im Indischen Ozean.

Im Gegensatz zum Christentum kennt der Islam keinen Sendungsbefehl und lange Zeit keine systematische Missionierung. In einer ersten Phase der islamischen Geschichte breitete sich der Islam im Schatten einer militärischen und politischen Expansion des frühen muslimischen Staates aus. Im ersten Jahrhundert seiner Geschichte vollzog sich diese Entwicklung mit großer Geschwindigkeit zwischen den Grenzregionen Indiens und dem spanischen Andalusien. Rein zahlenmäßig stellten die muslimischen Herrscher und ihre Anhänger in den eroberten Gebieten aber nur eine Minderheit dar. Die Verbreitung der Religion selbst ging dagegen zunächst recht langsam vor sich. So gehörte bis in das 17. Jahrhundert hinein die Mehrzahl der Ägypter der Gruppe der koptischen Christen an.

Warum schlossen sich Angehörige anderer Religionen dem Islam an?

Vor allem zwischen dem 8. und 13. Jahrhundert entwickelte sich der islamische Raum zum wichtigsten Träger und Vermittler der kulturellen Entwicklung in der damals bekannten Welt. Daher bedeutete die Zugehörigkeit zum Islam für Muslime auch die Zugehörigkeit zu einer überlegenen Kultur. Schon aus diesem Grund war der Religionswechsel vor allem für Christen attraktiv. Eine andere Motivation beruhte auf der Regelung, dass nur Muslime im muslimischen Staat wichtige politische oder militärische Positionen einnehmen konnten. Voraussetzung für die Karriere war die Konversion. Ferner gibt es zwei voneinander mehr oder weniger unabhängige Faktoren, die für die weitere Ausbreitung des Islams von Bedeutung waren und noch immer sind. Der erste Faktor ist der mittelalterliche internationale Handel mit seinen Zentren im Nahen und Mittleren Osten. Vor allem Muslime unternahmen weite Handelsreisen und knüpften ein dichtes Netz von Kontaktmöglichkeiten an Verkehrswegen von Ostasien bis nach Westafrika. Häufig lebten die muslimischen Händler über Jahrzehnte an den Endpunkten der internationalen Karawanenwege. Sie heirateten einheimische Frauen und gründeten Familien. Dadurch entstanden muslimische

Gemeinden. Da die arabischen Händler Kulturpraktiken wie Rechnen, Schreiben und Lesen beherrschten, wurden sie von den lokalen Herrschern zu administrativen Aufgaben herangezogen, die die einheimischen Verwalter nur in geringerem Maße beherrschten. Durch die engen Kontakte zu den Herrschern und ihren Familien konnten sie diese mit dem Islam bekannt machen und in zahlreichen Fällen zur Konversion bewegen. Daraufhin schlossen sich auch Angehörige der höheren Schichten der Bevölkerung ebenfalls der neuen Religion an.

Der andere Faktor für die erfolgreiche Verbreitung des Islams war die Entstehung von islamischen Mystikerorganisationen seit dem 9. Jahrhundert. In einem längeren Prozess hatten sich ausgehend von einigen muslimischen Gottsuchern Großorganisationen auf der Grundlage mystischer Konzepte entwickelt. Auch muslimische Kaufleute schlossen sich diesen Organisationen an. Die sogenannten »Bruderschaften« zeichneten sich durch Tendenzen zur Verbreitung ihrer speziellen Überzeugungen aus. Ihre Mitglieder bemühten sich, ihre besonderen Formen des Islams bekannt zu machen. Die »Bruderschaften« vertraten verschiedene Überzeugungen, die sich mit den Praktiken der ursprünglichen Religionen in den entsprechenden Regionen in Verbindung bringen ließen. Durch diese Ähnlichkeiten fiel die Übernahme des Islams in animistischen oder ahnenkultlichen Gesellschaften umso leichter. Indem traditionelle Rituale und Glaubensvorstellungen durch Konvertiten integriert wurden, konnte sich in Regionen mit animistischen Religionen oder Ahnenkulten eine eigene Form von Islam entwickeln.

Gibt es keine systematische islamische Missionsbewegung?

Man muss zwischen mindestens zwei neueren Missionierungsbemühungen des Islams unterscheiden. Seit dem Ende des 19. Jahrhunderts bemüht sich eine heterodoxe muslimische Gemeinschaft, die Ahmadiyya, die in Indien entstanden war, systematisch um die Verbreitung des Islams. Sie ist besonders aktiv im subsaharischen Afrika und auch in Europa. Um ihre Form von Islam bekannt zu machen, gründen sie in Afrika Krankenhäuser und Schulen. In Europa nutzen sie moderne Kommunikationsmittel zur Missionierung.

Seit dem 19. Jahrhundert bemüht sich die besonders strenge sunnitische Schule der Wahhabiten um eine Verbreitung ihrer Version des Islams. In den Anfängen wandten sie sich gegen die animistischen Elemente in den Vorstellungen des Islams unter den Beduinen der Arabischen Halbinsel und in einer weiteren Entwicklungsphase gegen den schiitischen Islam. Die Ideologie des Wahhabismus wurden von der in Teilen der Arabischen Halbinsel politisch wie militärisch einflussreichen Familie Ibn Saud übernommen. Durch diese Verbindung wurde der Wahhabismus seit den 1920er Jahren Staatsreligion in dem neu entstandenen Königreich Saudi-Arabien. Die Wahhabiten hatten schon zu Beginn des 19. Jahrhunderts auf der Arabischen Halbinsel erheblichen politischen Einfluss ausgeübt, indem sie die heilige Stadt Mekka durch die Verbindung mit der Familie Saud kontrollierten. Daher konnten sie unter den Mekka-Pilgern ihre Form des Islams propagieren und zahlreiche Anhänger gewinnen. Diese brachten ihre neuen Überzeugungen in ihre Heimatländer zurück. Über diese Wege fanden wahhabitische Vorstellungen in Westafrika oder dem heutigen Indonesien ihre Verbreitung. Diese Form der Mission wandte sich an Muslime, die mit dem »wahren Islam« bekannt gemacht werden sollten. Es ging dabei vor allem um eine Auslöschung von allen Formen der islamischen Volksreligion.

In jüngster Zeit haben salafistische Muslime in Deutschland sich bemüht, die Menschen mit dem Islam bekannt zu machen und zu missionieren. Salafisten sind Muslime, die einem strikt traditionalistischen Islam anhängen. Sie bemühen sich, den Regeln des Korans und dem Vorbild des Propheten Muhammad im wörtlichen Sinne zu folgen. Alles, was im Koran oder in den Berichten über das Leben des Propheten nicht angesprochen wird, gilt als eine unstatthafte Neuerung. Innerhalb des Salafismus gibt es verschiedene Fraktionen. Ein Teil kann als quietistisch bezeichnet werden, andere bemühen sich, ihre Überzeugungen anderen Muslimen, aber auch Nichtmuslimen näherzubringen. Das versuchen sie mit der Verteilung von Koranexemplaren. Diese Praxis wird von vielen Muslimen als verwerflich betrachtet. Der Koran als das Wort Gottes muss mit großer Ehrfurcht behandelt werden. Wenn Koranexemplare auf der Straße wahllos verteilt werden, besteht die Wahrscheinlichkeit, dass der nötige Respekt fehlt und die Bücher fortgeworfen werden.

Nationale und ethnische Unterschiede zwischen islamischen Gesellschaften

Bei einer Bevölkerung von etwa 1,5 Milliarden Menschen und angesichts der weiten geographischen Ausdehnung eines Raums, der sich jeweils durch klimatische, wirtschaftliche, gesellschaftliche und kulturelle Besonderheiten auszeichnet, sind Muslime geprägt durch nationale und ethnische Unterschiede. Diese sind trotz der gemeinsamen religiösen Überzeugungen unvermeidlich. Auch der Faktor Zeit zeigt in dieser Vielfalt seine Wirkung, je nachdem auf welche Weise der Islam in die jeweiligen Siedlungsgebiete gekommen ist und wie lange er als Religion die jeweilige Bevölkerung geprägt hat.

Die nationalen Gruppen, mit denen man als Deutscher am ehesten in Kontakt kommt, sind Türken, Araber, Iraner, Pakistani und Afghanen. Die Araber leben in verschiedenen »arabischen Staaten«. Auch die verschiedenen turksprachigen Muslime sind nicht auf einen einzigen Staat konzentriert. Im Iran, in Pakistan und Afghanistan, aber auch in den arabischen Staaten und den Staaten mit turksprachiger Bevölkerung gibt es unterschiedliche ethnische oder nationale Minderheiten. Als Beispiel sei auf die Kurden hingewiesen, die sich seit langem um politische und wirtschaftliche Autonomie bemühen. Der Begriff und das Konzept der Nation sind in den verschiedenen Staaten historisch gesehen noch verhältnismäßig neu. Zwar haben sich Theorien zu den verschiedenen Nationalismen islamischer Staaten schon seit der zweiten Hälfte des 19. Jahrhunderts entwickelt. In der politischen Praxis haben sich diese Konzepte aber erst seit dem Ende des 1. Weltkriegs bewähren müssen.

Formen von Volksreligion, Gestaltungen des Volksglaubens

Neben der islamischen Orthodoxie in ihren verschiedenen Formen müssen verschiedene Ausprägungen der Volksreligion für das religiöse Leben der Muslime in Betracht gezogen werden. Die Vertreter der religiösen Orthodoxie von Sunniten und Schiiten bemühen sich zwar ausdauernd, volksreligiöse Praktiken zurückzudrängen, sind in ihren Strategien aber bisher nicht sehr erfolgreich. Die verschiedenen Praktiken der Volksreligion hängen häufig mit den unterschiedlichen traditionellen Religionen zusammen, die vor der Ausbreitung des Islams in den entsprechenden Regionen das Leben der Gläubigen bestimmten. Nicht selten kam es dabei zu einer Vermischung aus Vorstellungen der vorislamischen Religion und Aspekten des orthodoxen Islams.

Die verschiedensten Geistervorstellungen, ob es sich nun um Naturgeister oder die Geister von Ahnen handelt, können unter dem islamischen Konzept der »Jinnen« gefasst werden. Im Koran werden Jinnen als Wesen aus Feuer beschrieben, die sich sogar teilweise zum Islam bekennen. Sie sind den Menschen nur ausnahmsweise sichtbar. Daher besteht die Gefahr, dass man sie unabsichtlich verärgert. In solch einem Fall können die Jinnen dem Menschen schaden, indem sie ihm Unglück oder Krankheit, ja sogar den Tod bringen.

Vor allem in Nord- und Westafrika, aber auch in Ägypten ist die Überzeugung verbreitet, dass Jinnen und andere Geister in einen Menschen hineinfahren können, sodass er von ihnen besessen ist. Zwar können in solchen Fällen Exorzismen durchgeführt werden. Diese sind jedoch nur selten erfolgreich. Als Konsequenz müssen die Besessenen und ihre

Umgebung mit den Geistern leben. Inzwischen sind diese Vorstellungen durch die Arbeitsmigration von Nordafrika und Ägypten auch in den Irak und auf die Arabische Halbinsel importiert worden. Solche Besessenheitsphänomene lassen sich auch bei orientalischen Christen beobachten. Gegen die Besessenheit kann man sich durch die Rezitation von Koranversen oder durch Amulette schützen. Ein anderes Phänomen der Volksreligion ist der Böse Blick. Ihm liegt die Vorstellung zugrunde, dass Menschen, die auf andere Menschen aus irgendeinem Grund neidisch sind, diesen durch ihren Blick schaden können. In manchen Fällen ist den Verdächtigen diese Fähigkeit gar nicht bewusst. Vor allem Menschen in glücklichen Umständen wie eine Braut oder eine junge Mutter mit ihrem Kind, sind der Gefahr des Bösen Blicks in besonderem Maße ausgesetzt. Man kann sich gegen den Bösen Blick durch Amulette schützen.

Heiligenverehrung

Die islamische Volksreligion kennt vielfältige Formen der Heiligenverehrung. Nach muslimischer Überzeugung gibt es lebende und tote Heilige, männliche und weibliche Heilige gleichermaßen. Man schreibt den lebenden Heiligen verschiedene besondere übermenschliche Fähigkeiten zu. Sie sind in der Lage, an zwei Orten gleichzeitig zu sein, Kranke zu heilen, Tote wiederzuerwecken, in die Zukunft zu schauen oder verlorene Dinge wiederzufinden. Derartige Kräfte werden als Baraka (Segenskraft) bezeichnet. Man kann sie durch ein frommes und gottesfürchtiges Leben erwerben, man kann sie aber von einem anderen Heiligen auch erben. Häufig geht die Baraka auf ein Kind oder eine andere nah verwandte Person über. Verstorbene Heilige wirken aus ihren Gräbern heraus. Sie sind in der Lage, Wünsche zu erfüllen. Dabei gibt es Heilige, die bei bestimmten Anliegen besonders wirkmächtig sind. Sie helfen Frauen, die unter Unfruchtbarkeit leiden oder unglücklich Verliebten. Heilige können diese Fähigkeiten noch nach ihrem Tod wirksam werden lassen. Dann werden diese Gräber zu Wallfahrtsorten, bei denen sich Besucher an den Heiligen um Hilfe wenden können.

Partnerschaft – Heirat – Sexualität

Ehe und Sexualität gehören zu den Themengruppen, die für zahlreiche Missverständnisse zwischen Muslimen und Nichtmuslimen Anlass gegeben haben. Die offene Empfehlung im Koran für das Ausleben der Sexualität in der Ehe auch ohne den Zweck der Zeugung von Nachkommen galt für Christen lange Zeit als eine Ungeheuerlichkeit. Der Islam steht dem Ausleben der Sexualität unter festgelegten Bedingungen also nicht ablehnend gegenüber.

Was sagt der Koran zur Ehe?

Besonders zahlreiche Aussagen zur Ehe finden sich in der vierten Sure des Korans, der Sure »Die Frauen«. Dort heißt es in den Versen 3 und 4: »Und wenn ihr fürchtet, gegenüber den Waisen nicht gerecht zu sein, dann heiratet, was euch an Frauen beliebt, zwei drei und vier. Wenn ihr aber fürchtet, sie nicht gleich zu behandeln, dann nur eine, oder was eure rechte Hand (an Sklavinnen) besitzt. Das bewirkt es eher, dass ihr euch vor Ungerechtigkeiten bewahrt./ Und gebt den Frauen ihre Morgengabe als Geschenk. Wenn sie euch davon etwas freiwillig überlassen, so könnt ihr es verbrauchen, und es wird euch zur Freude und zum Wohl sein.«

Diese Verse werden unter anderem als Rechtfertigung für die Mehrehe, die Polygynie, verstanden. Muslime sehen in ihnen jedoch auch eine Verbesserung der Situation der Frauen in der Zeit vor dem Islam, als Männer auch mit mehr als vier Frauen verheiratet sein konnten. Offenbar gab es damals aber auch die Möglichkeit, dass Frauen unabhängig leben konnten. Das zeigt sich bei Khadîja, der ersten Frau des Propheten Muhammad. Diese war eine selbstständige Unternehmerin, für die große Handelskarawanen operierten. Sie stellte den jungen Muhammad als Mitarbeiter ein und ließ ihm dann nach einigen Jahren eine Heirat mit ihr vorschlagen. Zu ihren Lebzeiten heiratete Muhammad keine weiteren Frauen. Nach ihrem Tod ging er die Ehe mit insgesamt neun Frauen ein. Diese ehelichen Verbindungen gelten aber als ein Privileg, das nur dem Propheten zustand.

Ausführlicher heißt es zu den Heiratsregeln in den weiteren Versen 22–25: »Und heiratet nicht solche Frauen, die (vorher) eure Väter geheiratet haben, abgesehen von dem, was bereits vorher ist. Das ist etwas Schändliches und Abscheuliches und ein übler Weg,/ Verboten ist euch auch (zu heiraten) eure Mütter, eure Töchter, eure Schwestern, eure Tanten väterlicherseits und eure Tanten mütterlicherseits, die Töchter des Bruders und die Töchter der Schwester, eure Mütter, die euch gestillt haben, und eure Milchschwestern, die Mütter eurer Frauen, eure Stieftöchter, die sich in eurer Obhut befinden und von euren Frauen stammen, zu denen ihr eingegangen seid – wenn ihr zu ihnen noch nicht eingegangen seid, dann ist es für euch kein Vergehen – und die Ehefrauen eurer Söhne, die aus euren Lenden stammen. (Verboten ist) auch, dass ihr zwei Schwestern zur Frau zusammen habt, abgesehen von dem, was bereits geschehen ist. Gott ist voller Vergebung und barmherzig./ Und (verboten ist zu heiraten) die unter Schutz gestellten unter den

Frauen, ausgenommen das, was eure rechte Hand (an Skla-vinnen) besitzt. Das ist die Vorschrift Gottes für euch. Erlaubt ist euch, was jenseits dieser (Gruppe) liegt, dass ihr euch mit eurem Vermögen(Frauen) sucht in der Absicht, (sie) unter Schutz zu stellen und nicht Unzucht zu treiben. Denen, die ihr genossen habt – das ist eine Rechtspflicht – ihren Lohn geben. Es besteht für euch kein Vergehen, wenn ihr, nachdem die Rechtspflicht festgesetzt ist, darüber hinaus etwas in gegenseitigem Einvernehmen vereinbart. Gott weiß Bescheid und ist weise./ Wer von euch keine Mittel besitzt, um unter den Schutz gestellte gläubige Frauen zu heiraten, der soll Frauen heiraten aus den Reihen der gläubigen Mägde, die eure rechte Hand besitzt. Gott weiß besser Bescheid über euren Glauben. Die einen von euch stammen ja von den anderen. So heiratet sie mit der Erlaubnis ihrer Herren und gebt ihnen ihren Lohn in rechtlicher Weise, als unter Schutz gestellte Frauen, die nicht Unzucht treiben und sich keine Liebhaber nehmen …«

In diesem Textabschnitt werden ausführlich die Heirats-tabus aufgeführt. Dabei ist von Interesse, dass auch ein Hei-ratsverbot erlassen wird, das durch das gemeinsame Stillen von mehreren Kindern durch dieselbe Amme entsteht.

Die weitere ausführliche Stelle zur Stellung der Frau fin-det sich in Sure 4, 127–130: »Sie fragen dich um Rechtsaus-kunft über die Frauen. Sprich: Rechtsauskunft über sie gibt Gott, und auch das, was euch im Buch vorgelesen wird über die weiblichen Waisen, denen ihr nicht das zukommen las-set, was ihnen vorschriftsmäßig zusteht, und die ihr nicht heiraten wollt, und auch über die von den Kindern, die wie Schwache behandelt werden. Ihr sollt für die Gerechtigkeit gegenüber den Waisen eintreten. Was ihr an Gutem tut, Gott weiß es./ Und wenn eine Frau von ihrem Gemahl Wider-spenstigkeit oder Abwendung befürchtet, so ist es für sie beide kein Vergehen, untereinander Aussöhnung zu schaf-fen, und die Aussöhnung ist besser. Und die Menschen sind ständig dem Geiz verfallen. Und wenn ihr rechtschaffen und gottesfürchtig seid, so hat Gott Kenntnis von dem, was ihr tut./ Und ihr wertet es nicht schaffen, die Frauen gleich zu behandeln, ihr mögt euch noch so sehr bemühen. Aber wen-det euch nicht (von der einen) gänzlich ab, so dass ihr sie in der Schwebe lasst. Und wenn ihr nach der Aussöhnung strebt, und (Gott) fürchtet, so ist Gott voller Vergebung und barmherzig./ Und wenn die beiden sich trennen, wird Gott aus seinem umfassenden Reichtum jeden unabhängig machen. Und Gott umfasst alles und ist weise.«

Auf diesen Textzusammenhang stützen sich die Muslime, die für monogame Ehen eintreten. Ehemänner müssen ihre Frauen in jeder Form gleich behandeln. Das gilt für mate-rielle Dinge wie Essen, Kleidung, Schmuck, aber auch für die emotionalen und sexuellen Pflichten. Für die Position für die Monogamie spricht, dass ein Mann nicht in der Lage ist, mehrere Frauen in jeder Hinsicht gleich zu behandeln. Eine der Frauen wird sich auch subjektiv immer schlechter behan-delt fühlen als die andere.

Insgesamt kann festgehalten werden, dass sich die Hei-ratsregelungen im Koran an Männer richten. Sicher wenden sich einige Regelungen auch an die Frauen, jedoch nur in Bezug auf ihr Verhalten gegenüber ihren Ehemännern. Deutlich wird bei diesen Aussagen auch, dass es bei diesen Regeln darum geht, dass Männern auch heiraten sollen, damit sie ihren Geschlechtstrieb legitim befriedigen können und nicht die Sünde der Unzucht begehen.

Nach muslimischer Auffassung gehört es also zu den Pflichten des Menschen zu heiraten. »Es gibt kein Mönchtum im Islam« ist einer der häufig zitierten Aussprüche des Propheten Muhammad. Damit distanziert er sich von den Zölibatsregelungen des Christentums. Menschen, die nicht heiraten, sieht die islamische Gesellschaftsordnung nicht vor. Natürlich gibt es Musliminnen oder Muslime, die nicht heiraten. Ein solcher Zustand hatte häufig eine Marginalisierung dieser Personen zur Folge. Ein solcher sozialer Status war für Männer, vor allem aber für Frauen im gesellschaftlichen Leben sehr schwierig. Während Männer unter Umständen alleine leben konnten, war das für unverheiratete Musliminnen bis vor wenigen Jahren im Grunde unmöglich. Allerdings haben sich in den letzten beiden Jahrzehnten hier einige Veränderungen ergeben. Vor allem manche gut verdienenden Akademikerinnen ziehen das Leben ohne eine eigene Familie vor. Auch in der Mehrheit der weniger traditionell geprägten Familien wird immer noch eine unverheiratete Frau in der Regel bei ihren Eltern leben, die sich auch für eine erwachsene unverheiratete Tochter weiter verantwortlich fühlen und unter Umständen sogar ihre Bewegungsfreiheit oder ihren Tagesablauf bestimmen. Falls die junge Frau berufstätig ist, kann es geschehen, dass sie ihr gesamtes Einkommen in den Haushalt der Eltern einfließen lässt. Es gibt Beispiele, in denen die Eltern dieses Geld für ihre Tochter in Immobilien angelegt haben, aber auch solche, in denen die Tochter fast ausschließlich für den Unterhalt der Eltern zu sorgen hatte. Wenn die Eltern sterben, wird die unverheiratete Tochter unter Umständen in die Familie eines Bruders oder eines anderen männlichen Verwandten aufgenommen. Hier wirkt sich oft ihr unsicherer sozialer Status weiterhin negativ aus, weil alle anderen Familienmitglieder vorrangige Rechte für sich beanspruchen. In der innerfamiliären Hierarchie der patrilinearen Familie rangiert sie weit unten, selbst wenn sie über ein eigenes Einkommen verfügt. Bei jüngeren Frauen wird die Familie immer weiter versuchen, für sie einen adäquaten Ehemann zu finden, was ihre Stellung im Wertekodex der Gesellschaft stabilisieren würde. Ältere unverheiratete Frauen befinden sich dagegen oft in einer sehr schwierigen Situation.

Wie kommt es in islamischen Gesellschaften zu Ehen?

In allen muslimischen Familien ist die Frage der Heirat eine ebenso ernsthafte wie schwierige Angelegenheit. Es geht ja um die Zukunft der nächsten Generation und damit um die der gesamten Familie. Daher ist eine Vielzahl von Faktoren zu bedenken, die für Wahl einer passenden Ehepartnerin und eines passenden Ehepartners langfristig von Bedeutung sein können. Zu dem Kanon der Bewertungskriterien gehören der Ruf der jeweils anderen Familie, ihre gesellschaftliche Stellung und ihre wirtschaftlichen Möglichkeiten. Natürlich ist auch die Ausbildung der Ehepartner von Bedeutung. Sie sollte möglichst gleichwertig sein. Die mögliche Ehegattin sollte jedoch keinen deutlich höheren Bildungsabschluss haben als der männliche Ehepartner. Eine weitere Frage ist medizinischer Natur. Sind aus den jeweiligen Familien z. B. Erbkrankheiten bekannt? Vor allem die Frage, ob erbliche Unfruchtbarkeit festgestellt wurde, ist von herausragender Bedeutung. In vielen Fällen akzeptieren die jungen Leute eine derartige Praxis und erklären das so: Ihr Einverständnis beruht auf dem Vertrauen, dass ihr Eltern sie lieben und nur das Beste für sie wollen. Sie sind bestrebt, alles zu tun, um für eine glückliche und erfolgreiche Ehe ihrer Kinder zu sorgen. Warum sollen diese dann die Vorschläge ihrer Eltern ablehnen? Manche Eltern stellen auch eine zeitliche Rangfolge auf, nach der das älteste Kind zuerst heiratet usw. Sind die familieninternen Bedingungen abgeklärt, wird vor allem von den Müttern der Familien nach einer passenden Braut für einen heiratsfähigen Sohn innerhalb der in Aussicht genommenen Familien Ausschau gehalten. Durch die Väter oder andere männliche Verwandte werden dann der ausgewählten Familie eines Mädchens Heiratsangebote unterbreitet. Solche Angebote können ohne weiteres mit einer guten Begründung abgelehnt werden. Die Eltern des Mädchens können beispielsweise erklären, dass sie ihre Töchter noch nicht vor dem Abschluss einer Ausbildung verheiraten wollen.

Einfluss der zukünftigen Eheleute auf die Partnerwahl

Manche jungen Männer bitten ihre Mutter, ihnen eine passende Braut zu suchen. Die Initiative geht also von ihnen und ihren Familien aus. Die Familien der Mädchen, aber auch die Mädchen selbst können entsprechende Angebote ablehnen. In der Regel werden die jungen Frauen in die Entscheidungen dergestalt eingebunden, dass ihnen die möglichen Ehemänner geschildert werden, sie diese aber aufgrund der Schilderungen ablehnen können. Die jungen Frauen dürfen solche Ablehnungen von möglichen Ehepartnern aber nicht

zu oft wiederholen. Sonst könnten sie in der Folge als eingebildet oder hochmütig betrachtet werden und ihr Ruf könnte
ebenso leiden wie die Familienehre. In traditionellen Familien sehen die jungen Frauen mögliche Gatten eventuell einmal vom Fenster aus auf der Straße. In moderneren Familien
können mehrere Freundinnen in das Haus eines möglichen
Ehemanns eingeladen werden, wobei zwar allen bewusst ist,
worum es bei diesen Einladungen geht, aber das Thema in
keiner Weise angesprochen wird. Bei all den Arrangements
spielt die Frage der Emotionen zunächst keine Rolle. Die
ältere Generation geht davon aus, dass sich die Liebe im
Laufe der Zeit einstellen wird.

Formen der Partnerpräferenz

Wie in anderen patrilinearen Gesellschaften gibt es eine Prä-
ferenz für eine Heirat zwischen Parallelcousin und Parallel-
cousine, also zwischen einer jungen Frau und dem Sohn
eines Bruders ihres Vaters. Für diese Praxis werden zahlreiche Erklärungen gegeben. Die beteiligten Familien kennen
sich sehr gut und wissen um die charakterlichen und praktischen Vor- und Nachteile der möglichen Partner. Die jungen
Leute kennen sich von klein auf. Vor allem die Familien der
Braut sind bei dieser Konstellation leichter in der Lage, ihrer
Tochter bei Konflikten mit dem Ehemann und dessen Familie beizustehen. Vor allem aber lassen sich die finanziellen
Arrangements, die mit der Hochzeit verbunden sind, innerhalb der Großfamilie leichter organisieren als bei der Heirat
zwischen zwei nicht miteinander durch Verwandtschaft verbundenen Familien. In manchen Regionen war und ist teil-

weise auch noch heute diese Heiratspräferenz geradezu zu einem Recht des Cousins auf seine Cousine geworden, das nur durch eine entsprechende Zahlung abgelöst werden kann. Eine andere Möglichkeit, einen Cousin als Ehemann für eine Tochter abzulehnen, kann durch den Hinweis auf die Milchverwandtschaft entstehen: In traditionellen muslimischen Familien werden Kinder relativ lange gestillt. Daher kann nie ausgeschlossen werden, dass in einer Großfamilie eine Mutter auch das Kind ihrer Schwägerin hin und wieder an die Brust genommen hat. Damit ist eine Ehe zwischen den beiden Kindern unmöglich. Wegen möglichen Erbkrankheiten unterziehen sich heute eng verwandte Brautleute entsprechenden medizinischen Untersuchungen.

Spielen die Regeln der Parallelcousinenheirat auch bei den Zuwanderern eine Rolle? Bisher können noch keine generellen Aussagen darüber getroffen werden, wie die Flüchtlinge aus Afghanistan, dem Irak und Syrien mit der Regel der Parallelcousinenheirat umgehen werden. Aus dem Beispiel der muslimischen Arbeitsmigranten und Flüchtlinge der vergangenen Jahrzehnte lassen sich aber mit aller Vorsicht einige Erwartungen ableiten. Danach hat der Prozentsatz der Parallelcousinenheiraten unter den muslimischen Zuwanderern im Vergleich zu den jeweiligen Herkunftsregionen, möglicherweise wegen des Drucks der jeweiligen Eltern, zugenommen. Der Grund für diese Endogamie liegt sicherlich in der Bemühung, eine Heirat der jungen Frauen mit Partnern anderer Religion oder nationaler Herkunft zu vermeiden und die Beziehungen innerhalb der Großfamilie zu stärken. Allerdings nimmt die Zahl der jungen Frauen zu, die sich solchen Arrangements verweigern. Dabei handelt es sich vor allem um berufstätige Frauen, auf deren Einkommen die Familien dringend angewiesen sind. Sie sind selbstständig genug, dass sie ihren Partnerwunsch gegen den Willen ihrer Familien durchsetzen können. Wenn junge Frauen sich lange genug weigern, einen Cousin, einen anderen entfernten Verwandten oder wenigsten einen Landsmann zu heiraten, hoffen die Eltern und die Familie, dass sie überhaupt heiraten.

Religionsbedinge Ehehindernisse

Neben den im Koran genannten Ehehindernissen spielen vor allem Fragen der Religionszugehörigkeit bei der Partnerwahl eine zentrale Rolle. Denn das islamische Recht und die Tradition folgen in diesem Zusammenhang ebenfalls den patrilinearen Regeln. Das bedeutet, dass sich nicht nur die Abstammung, sondern auch die Religionszugehörigkeit von der väterlichen Linie her bestimmt. Ein Kind »erbt« also auch jeweils die Religion des Vaters. Falls eine Muslimin einen Nichtmuslim heiratet, würde ein Kind aus dieser Verbindung nach dem islamischen Recht automatisch die Religion des Vaters haben und damit folglich nicht der Gemeinschaft der Muslime angehören. Sollte es zu Liebesbeziehungen zwischen einem Christen und einer Muslimin kommen, die dann heiraten wollen, besteht daher aus der Sicht des islamischen Rechts nur die Möglichkeit, dass der christliche Mann zum Islam konvertiert. Eine andere Konsequenz ist wiederum für das islamische Recht nicht akzeptabel. Ehen zwischen einem Muslim und einer Jüdin oder Christin sind aus der Sicht des islamischen Rechts dagegen gestattet. Ein Kind aus einer solchen Verbindung gehört automatisch zur muslimischen Glaubensgemeinschaft. Dennoch werden solche Ehen von muslimischen Gläubigen eher kritisch gesehen, weil allgemein die Annahme besteht, dass sich der jüdische oder christliche Glaube der Mutter unwillkürlich oder bewusst auf das Kind auswirkt.

Brautgeld und Hochzeitsfeier

Nach islamischer Vorstellung ist eine Heirat ein Abkommen zwischen zwei Familien, das durch einen Ehevertrag geschlossen wird. Dieser Vertrag wird durch einen islamischen religiösen Richter (Qâdî) notariell beglaubigt. In diesen Vertrag können die verschiedensten Vereinbarungen aufgenommen werden, die das Zusammenleben der künftigen Eheleute regeln. Als eine zentrale Aussage gilt es in einem solchen Ehevertrag festzuhalten, dass die beiden zukünftigen Eheleute der vereinbarten Eheschließung zustimmen. Allerdings übernimmt für die die Braut ein Wakîl (Stellvertreter) diese Bestätigung. Diese Funktion kann ihr Vater, ein Bruder oder ein anderer männlicher Verwandter übernehmen. Die Braut wird zwar nach ihrer Zustimmung gefragt. Doch wird auch ihr Schweigen als Zustimmung betrachtet, weil man meint, dass sie zu schüchtern sei, um sich hörbar zu äußern. In der Regel müssen auch zwei Zeugen den Ehevertrag bezeugen. Festgelegt werden muss im Heiratsvertrag vor allem das Brautgeld (Mahr), das vom Bräutigam oder seiner Familie an die Braut bzw. an deren Familie gezahlt wird. Die hohe Zahl von heiratswilligen männlichen Bewerbern hat in vielen Staaten der islamischen Welt zu einer prekären wirtschaftlichen und in der Folge sozialen Situation geführt. Die Höhe des geforderten Brautgelds hat sich in den vergangenen Jahrzehnten außerordentlich dynamisch entwickelt. Eine symbolische Summe von Centbeträgen erfüllte Mitte des 20. Jahrhunderts die Funktion des Brautgelds. In der Mehrzahl der Fälle geht es heute jedoch um beträchtliche Kapitalmengen. Teil des Brautgelds können auch eine oder mehrere Eigentumswohnungen sein, Aktienpakete und weitere Wertgegenstände und Schmuckstücke. In einigen islamischen Staaten erreichen diese Summen solche Dimensionen, dass staatliche Stellen Kreditfonds eingerichtet haben, um jungen Männern überhaupt eine Heirat zu ermöglichen. Ihnen werden aus diesen Fonds zinslose Darlehen für die Heirat eingeräumt. Da im Gegensatz zu westlichen Ländern die Zahl der Mädchen, die das heiratsfähige Alter erreichen, geringer ist als die der Jungen und darüber hinaus auch die Häufigkeit von Mehrehen in islamischen Ländern seit etwa zwei Jahrzehnten wieder zugenommen hat, besteht auf dem Heiratsmarkt weiterhin ein entsprechendes Ungleichgewicht von heiratswilligen jungen Männern, was die Höhe des Brautgelds nach dem ökonomischen Prinzip von Angebot und Nachfrage weiter steigern wird. Ferner können im Heiratsvertrag zahlreiche zusätzliche Regelungen getroffen werden. Häufig sind das Abmachungen, die von der Familie der Braut eingefordert werden. So kann festgelegt werden, dass dem zukünftigen Ehemann die Heirat mit einer weiteren Frau untersagt wird, dass die Braut ihre Eltern jederzeit sehen kann, dass sie es ablehnen kann, ihrem Mann an einen anderen Ort zu folgen, falls dieser umziehen muss, oder wie viel Personal sie beschäftigen kann und vieles mehr.

Traditionell wird das Brautgeld in drei unterschiedlich große Teile geteilt. Ein Teil wird für die Anschaffung von

Hausrat verwendet, ein anderer für die Hochzeitsfeierlichkeiten. Der dritte Teil wird von der Familie der Braut in Ver-
wahrung genommen. Er dient der finanziellen Absicherung
der jungen Frau im Falle der Scheidung. Die Ausgestaltung
der Hochzeitsfeierlichkeiten selbst kennt natürlich zahlreiche Varianten. Soziale Faktoren und wirtschaftliche Potenz
bilden dabei die Richtschnur. Es ergeben sich Unterschiede
zwischen Stadt und Land, traditionell geprägten Familien
und solchen, die modern eingestellt sind. Schließlich spielen
selbstverständlich auch die wirtschaftlichen Verhältnisse
und die sozialen Verpflichtungen der beteiligten Familien
eine große Rolle. Der finanzielle Aufwand, der bei den Hochzeitsfeierlichkeiten getrieben wird, ist auch bei Familien mit
einem bescheideneren Einkommen häufig so groß, dass er
die Verhältnisse sprengt. Familien verschulden sich teilweise
über Jahre hinaus, um eine prächtige Hochzeitsfeierlichkeit
auszurichten. Das Prestige, das eine Familie mit einer solchen Hochzeitsfeier gewinnen kann, lässt den Gastgebern,
die zu der Feier einladen, die finanziellen Belastungen als
tragbar erscheinen.

Das Hochzeitsfest

In traditionell geprägten Familien ist es üblich, dass bei der
Feier eine deutliche Geschlechtertrennung eingehalten wird,
auch wenn es sich um wohlhabende Familien handelt. Bei
derartigen Hochzeitsfesten nimmt die Braut kaum am
Geschehen teil. Sie sitzt in der Regel nahezu unbewegt
zwischen den Gästen und lässt sich und ihr Äußeres bewun-
dern.

Die Männer der Hochzeitsgesellschaft halten sich in traditionellen Familien an einem anderen Ort auf und treten während der gesamten Feier nicht in Erscheinung. Zum Abschluss der Feier kommt dann der Bräutigam mit einem Fotografen, der die obligatorischen Hochzeitsfotos anfertigt. Im traditionellen muslimischen Kontext ist es heute üblich, dass Gäste bei den Hochzeitsfeierlichkeiten Geldgeschenke überreichen. Dabei wird die Höhe der überreichten Summe registriert. Die beschenkte Familie ist verpflichtet, bei einer späteren ähnlichen Gelegenheit eine etwa gleich hohe Geldsumme zu überreichen. Übersteigt die Summe diese Möglichkeiten, bringt man die Beschenkten in Verlegenheit, die umso größer ist, als die Übergabe ja in der Öffentlichkeit erfolgt. Alle Anwesenden wissen später, dass die Regeln der Reziprozität durchbrochen worden sind.

Ein zentrales Thema der Hochzeit ist der Nachweis, dass es sich bei der Braut um eine Jungfrau gehandelt hat. Das gilt natürlich nicht für die Heirat von geschiedenen oder verwitweten Frauen. Selbst in modernen Familien wird Wert darauf gelegt, dass nach der Hochzeitsnacht ein Betttuch mit Blutspuren präsentiert werden kann. Das versetzt das Brautpaar nicht selten in eine höchst schwierige Lage. Nach statistischen Daten aus Ägypten sind ca. 50 Prozent der jungen Ehemänner vor Aufregung zunächst nicht in der Lage, die Ehe zu vollziehen. In einigen Ländern haben die Männer dafür eine Woche Zeit. Bleiben sie erfolglos, wird die Ehe aufgehoben. Das verabredete Brautgeld, Geschenke und andere materielle Zuwendungen bleiben in diesem Fall bei der Braut. Kann die Braut ihre Jungfräulichkeit nicht nachweisen, gilt die Ehe ebenfalls als aufgehoben. In dem Fall müssen die entsprechenden Mittel an die Familie des Bräutigams zurückerstattet werden. Für die junge Frau und ihre Familie bedeutet dieser Vorgang einen erheblichen Verlust des gesellschaftlichen Ansehens. In den großen Städten der islamischen Welt haben sich mittlerweile gynäkologische Praxen und Kliniken etabliert, die sich auf die Wiederherstellung des Hymen spezialisiert haben. Solche medizinischen Einrichtungen gibt es auch in Deutschland.

Hochzeitsfeierlichkeiten in muslimischen Familien laufen in Deutschland nach dem Vorbild der Herkunftsländer ab. Handelt es sich um deutsche Staatsbürger, muss die Ehe natürlich vor einem deutschen Standesamt geschlossen werden. Der Ehevertrag kann auf Wunsch vor einem in Deutschland tätigen religiösen Richter beglaubigt werden. In Fällen, in denen die Brautleute nicht die deutsche Staatsbürgerschaft besitzen, kann die zivile Ehe vor einem Beamten der zuständigen diplomatischen Vertretung geschlossen werden. Sie ist auch berechtigt, den Ehevertrag notariell zu bestätigen. Für die Hochzeitsfeierlichkeiten bevorzugen die beteiligten Parteien in den großen deutschen Städten entsprechende Lokalitäten, die auf die Durchführungen muslimischer Feste spezialisiert sind. Diese Räumlichkeiten finden sich in den Stadtvierteln mit einer größeren muslimischen Wohnbevölkerung. Dort haben sich auch die entsprechenden Geschäfte für Brautmoden angesiedelt. Auch in Deutschland sind die Kosten für die Heiratsfeierlichkeiten muslimischer Familien beträchtlich.

Zeit- und Genussehen

Der schiitische Islam kennt neben der üblichen Eheschließung auch eine besondere Form, die als Zeit- oder Genussehe (Mut'a) bezeichnet wird. Die Erlaubnis des schiitischen
Rechts, diese Ehe einzugehen, wird von schiitischen Gelehrten mit Sure 4, 24 (s. oben) begründet. Die Besonderheit dieser Eheform besteht darin, dass sie den üblichen Regelungen
unterliegt, sie aber nur für eine festgelegte Zeit geschlossen
wird. Der Ehemann muss auch ein entsprechendes Brautgeld
bezahlen. Ist diese Periode abgelaufen, gilt die Ehe als beendet, ohne dass eine Scheidung eingeleitet werden muss. Die
Zeitdauer der Ehe kann auf wenige Stunden bis zu 99 Jahren
festgelegt werden. Die Kinder aus einer solchen Beziehung
sind legitim und daher auch erbberechtigt. Ziel dieser Einrichtung ist es, dass Männer, die längere Zeit durch geschäft-
liche Verpflichtungen oder wegen einer Pilgerfahrt oder aus
anderen Gründen von ihrer legitimen Frau getrennt sind,
nicht der Sünde der Unzucht verfallen und durch diese Regelung, legitimen Geschlechtsverkehr haben können. Bei den
Frauen, die solche befristeten Ehen eingehen, handelt es sich
oft um geschiedene Personen oder Witwen, die auf diese
Weise für ihren Unterhalt und den ihrer Kinder sorgen. Ihr
sozialer Status ist nicht sehr hoch. Sunniten halten diese
Form der Ehe für Prostitution.

Eine unter Sunniten übliche Ehe ist die sogenannte 'Urfî-
Ehe. In einem solchen Fall gehen die Ehepartner eine Ehe
ein, die nicht vor einem Qâdi notariell bestätigt wird. Sie wird
lediglich durch einen Notar beglaubigt. Auf aufwändige Ehe-
verträge wird bei dieser Eheform verzichtet. Eine Scheidung
ist ebenfalls sehr viel leichter einzuleiten. Ob sie unter reli-

giösen Kriterien als vollgültige Ehe anzusehen ist, bleibt unter den muslimischen Gelehrten umstritten. Diese Ehe gehen häufig junge Leute ein, die nicht mit der Zustimmung ihrer Eltern zur Heirat rechnen können. Andere nutzen diese Einrichtung auch, wenn sie herausfinden wollen, ob sie miteinander eine tatsächliche Ehe langfristig eingehen sollen. Es handelt sich also um eine »Ehe auf Probe«. Forciert wird diese halboffizielle Form des Zusammenlebens durch das Verbot in vielen islamischen Staaten, nach dem Personen unterschiedlichen Geschlechts keine gemeinsame Wohnung mieten oder ein Hotelzimmer buchen können. Das Papier der 'Urfî-Heirat bietet da eine Lösung. Sie wird aber kaum gesellschaftlich anerkannt und wird häufig geheim gehalten.

Voreheliche und außereheliche Beziehungen

Nach Überzeugung der muslimischen Autoritäten sind sexuelle Beziehungen nur in der Ehe erlaubt, dort aber auch erwünscht. Das Vergnügen dabei wird schon vom Propheten Muhammad als gottgewollt betrachtet. In seinen Traditionen gab der Prophet den Männern sogar Anweisungen, wie sie sich ihren Frauen nähern sollten. Und erotische Enzyklopädien gehörten im arabisch-islamischen Mittelalter zu den beliebten literarischen Genres. Vorehelicher und außerehelicher Geschlechtsverkehr wird im sunnitischen Recht als Unzucht (Zinâ') verstanden. Auch im schiitischen Islam werden alle Aktivitäten und Beziehungen sexueller Art außerhalb einer Ehe ebenfalls als Unzucht (Zinâ') verstanden. Dazu gehören Homosexualität, aber auch der Austausch von intensiven Zärtlichkeiten.

Was sagt nun der Koran dazu? Der Koran spricht zwar an zahlreichen Stellen über legitimen Geschlechtsverkehr, aber nur an wenigen über Unzucht. In Sure 17, 32 heißt es ganz allgemein: »Und nähert euch nicht der Unzucht. Sie ist etwas Schändliches und ein übler Weg.« In Sure 35, 68f. wird Unzucht in einer Reihe von anderen Verfehlungen genannt, die von Gott im Jenseits bestraft werden. In Sure 4, 15f. wird aber festgestellt, dass Unzucht auch im Diesseits bestraft werden muss. »Gegen diejenigen von euren Frauen, die Schändliches begehen, müsst ihr vier von euch zeugen lassen. Wenn sie es bezeugen, dann haltet sie in ihren Häusern fest, bis der Tod sie abberuft oder Gott ihnen einen Ausweg verschafft./ Und wenn zwei von euch es begehen, dann fügt ihnen beiden Leid zu. Wenn sie bereuen und Besserung zeigen, dann lasst von ihnen ab, Gott schenkt Zuwendung und ist barmherzig.« Besonders ausführlich geht es um die Bestrafung bei illegitimem Geschlechtsverkehr in Sure 24, 2–9: »Wenn eine Frau und ein Mann Unzucht begehen, dann geißelt sie, jeden von ihnen mit hundert Hieben. Habt kein Mitleid mit ihnen (angesichts der Rechtsbestimmungen) der Religion Gottes, so ihr an Gott und den Jüngsten Tag glaubt. Und bei der Vollstreckung der Pein soll eine Gruppe von den Gläubigen anwesend sein./ Der Mann, der Unzucht begangen hat, darf nur eine Frau, die Unzucht begangen hat, oder eine Polytheistin (Anhängerin einer heidnischen Religion) heiraten. Die Frau, die Unzucht begangen hat, darf nur einen Mann, der Unzucht begangen hat, oder einen Polytheisten heiraten. Den Gläubigen ist dies verboten./ Denjenigen, die den unter Schutz gestellten Frauen (gemeint sind ehrbare Ehefrauen) Untreue vorwerfen und hierauf nicht vier Zeugen beibringen, die sollt ihr mit achtzig Hieben geißeln. Nehmt von ihnen nie mehr eine Zeugenaussage an – das sind die [wahren] Frevler,/ mit Ausnahme derer, die umkehren und Besserung zeigen. Denn Gott ist voller Vergebung und barmherzig./ Im Fall derer, die ihren Gattinnen Untreue vorwerfen, aber keine Zeugen haben außer sich selbst, besteht die Zeugenaussage eines solchen Mannes darin, dass er viermal bei Gott bezeugt, er gehöre zu denen, die die Wahrheit sagen/ und zum fünften Mal bezeugt, der Fluch Gottes komme über ihn, wenn er ein Lügner sein sollte./ Von ihr (der Frau) wehrt es die Pein ab, dass sie viermal vor Gott bezeugt, er sei ein Lügner und zum fünften Mal bezeugt (bezeugt), der Zorn Gottes komme über sie, wenn er zu denen gehören sollte, die die Wahrheit sagen.«

Beurteilung von Homosexualität

Es finden sich im Koran zur männlichen Homosexualität eine Reihe von Versen, die vor allem mit den Bewohnern von Sodom zusammenhängen, zu denen nach Aussagen des Korans von Gott der Prophet Lot geschickt worden war. In Sure 7, 80–84 heißt es: »Und Wir sandten Lot. Als er zu seinem Volk sagte: ›Wollt ihr denn das Schändliche begehen, wie es vor euch keiner von den Weltenbewohnern begangen hat?/ Ihr geht in Begierde zu den Männern, statt zu den Frauen. Nein, ihr seid maßlose Leute.‹/ Die Antwort seines Volkes war nur, dass sie sagten: ›Vertreibt sie aus eurer Stadt. Das sind Leute, die sich rein stellen.‹/ Da retteten Wir ihn und seine Familie, außer seiner Frau. Sie gehörte zu denen, die zurückblieben und dem Verderben anheimfielen./ Und wir ließen einen Regen auf sie niedergehen. Schau, wie das

Ende der Übeltäter war.« Ähnlich heißt es in Sure 24, 54–58: »Und Lot haben wir gesandt. Als er zu seinem Volk sagte: ›Wollt ihr denn das Schändliche begehen, wo ihr es doch seht/ Wollt ihr denn in Begierde zu den Männern gehen statt zu den Frauen? Nein, ihr seid Leute, die töricht sind.‹ Die Antwort seines Volkes war nur: ›Vertreibt Lots Sippe aus eurer Stadt. Das sind Menschen, die sich rein stellen.‹ Da retteten wir ihn und seine Angehörigen, außer seiner Frau. Wir bestimmten, dass sie zu denen gehörte, die zurückblieben und dem Verderben anheimfielen,/ Und Wir ließen einen Regen auf sie niedergehen. Schlimm ist der Regen, der die Gewarnten traf.«

Bei dem Regen, der nach dem Koran über die Bewohner von Sodom kam, handelte es sich nach der Mehrzahl der Korankommentatoren um einen Regen aus Feuer.

In den Prophetentraditionen finden sich ebenfalls einige Aussagen zur männlichen Homosexualität. So heißt es z. B.: »Wenn ihr jemanden ertappt, während er das tut, was die Leute des Lot taten, dann sollt ihr den Täter töten und auch den, dem es angetan wurde.«

Reaktion von Flüchtlingen auf die Beziehungen zwischen den Geschlechtern in Deutschland

Viele Frauen aus den Herkunftsländern zeigen sich überrascht, dass sie auch in deutschen Großstädten längere Zeit durch Straßen gehen oder öffentliche Verkehrsmittel benutzen können, ohne dass sie von Einheimischen auf ungehörige Weise angesprochen oder berührt werden. Das ist wohl die erste Erfahrung, die Vorurteile gegenüber der deutschen

Gesellschaft, der von muslimischen Fernsehpredigern allgemeine Sittenlosigkeit vorgeworfen wird, in Frage stellt. Auf der anderen Seite sind Flüchtlinge aber auch peinlich berührt, wenn junge Paare in der Öffentlichkeit ungeniert Zärtlichkeiten austauschen. Ein syrischer Journalist berichtete in einem Artikel, dass ihm das so peinlich gewesen sei, dass er sich so hinstellte, dass seine kleine Tochter nichts von den Intimitäten mitbekommen konnte. Für viele Flüchtlinge wird die richtige Einschätzung dessen, was sie in dieser Hinsicht beobachten können, einen längeren Lernprozess erfordern.

Das Verhältnis von Männern und Frauen ist in islamischen Gesellschaften von männlichem Überlegenheitsgefühl gekennzeichnet. Wird ein Junge geboren, herrscht in der Familie große Freude, bei einem Mädchen ist man eher bedrückt. Die Eltern konzentrieren sich in der Regel auf den Jungen, vor allem dann, wenn er der einzige unter mehreren Mädchen ist. Er wird vor allem von der Mutter wie ein kleiner Prinz behandelt. Er wird die Familie weiterleben lassen, während die Töchter das Haus verlassen. Diese Bevorzugung führt dazu, dass die Jungen und jungen Männer sich vieles herausnehmen dürfen, was Mädchen verboten ist. Diesen Vorzug innerhalb der Familie fordern sie auch in der heimischen Öffentlichkeit ein.

Es hat in den großen nahöstlichen Städten immer Viertel gegeben, die von einheimischen Frauen gemieden wurden, weil hier die Gefahr bestand attackiert zu werden. Dabei handelte es sich um Quartiere mit Bars und anderen einschlägigen Einrichtungen. Zu Übergriffen kam es auch bei manchen Volksfesten nach Einbruch der Dunkelheit. Im Zusammenhang mit den Demonstrationen des Arabischen

Frühlings kam es ebenfalls zu teilweise schweren Übergriffen und Vergewaltigungen, ebenfalls nach Einbruch der Dunkelheit. Bei den Demonstrationen um den Gezi-Park in Istanbul wurde dagegen nicht von sexuellen Übergriffen berichtet. Die Attacken der Polizeikräfte richteten sich in gleicher Weise gegen weibliche und männliche Protestierer. Auch das macht deutlich, dass sich bezüglich des Verhältnisses zwischen Männern und Frauen zwischen den verschiedenen islamischen Gesellschaften Unterschiede feststellen lassen.

Diese Unterschiede sind auch bei den Zuwanderern aus muslimischen Staaten festzustellen. Verschiedene öffentliche Institutionen bieten seit 2016 Sexualkunde für junge muslimische Zuwanderer an, da Sexualunterricht in muslimischen Ländern eher die Ausnahme ist. Nach ersten Erfahrungen wurden zahlreiche Wissensunterschiede in Sexualfragen und hinsichtlich des Verhaltens gegenüber dem anderen Geschlecht bei jungen Männern festgestellt. Berichte über junge Frauen liegen noch nicht vor. In der Schweiz erregten 2016 Berichte die Öffentlichkeit, als halbwüchsige Schüler sich weigerten, ihrer Lehrerin die Hand zu geben. Junge Afghanen glauben, dass jeder voreheliche Kontakt mit dem anderen Geschlecht verboten sei. Sie vermeiden daher in der Regel jeden Blick. Zuwanderer aus Ländern wie dem Irak oder Syrien, in denen zumindest bis ca. 1990 die Religion keine zentrale Rolle spielte, sind dagegen offener. Veranstaltungen nach den Ereignissen in der Silvesternacht vor dem Hauptbahnhof in Köln, bei denen ihnen Ratschläge für den Umgang mit Frauen gegeben wurden, empfanden sie jedoch als überflüssig.

Die Bedeutung der Familie in islamischen Gesellschaften

Grundlage der Gesellschaft

In muslimischen Gesellschaften stellt die Familie immer noch den wichtigsten sozialen Halt für das Individuum dar. Ihr Status wird stärker respektiert, als es in modernen westlichen Gesellschaften zu beobachten ist. Trotz mancher Modernisierungsentwicklungen in den vergangenen Jahrzehnten sorgt die Familie in aller Regel weiterhin für Stabilität und für den Schutz vor den verschiedenen Unwägbarkeiten des Lebens. Familien sind Versicherung gegen wirtschaftliche Schwierigkeiten, sie geben Halt in politischen Katastrophen oder im Krankheitsfall. Zwar hat sich ihre Bedeutung in der zweiten Hälfte des 20. Jahrhunderts etwas reduziert. Angesichts der Kriege und Bürgerkriege in Ländern wie Afghanistan, dem Irak oder Syrien hat das Sicherheitsnetz durch die eigene Familie aber wieder beträchtlich an Bedeutung gewonnen. Im Zusammenhang mit den Fluchtbewegungen der Gegenwart hat sich diese Situation weiter verfestigt.

Nach muslimischer Überzeugung sind nur Mann und Frau in der Lage, eine Familie zu gründen. Mann und Frau sind aus der Sicht der islamischen Gelehrten gerade in ihrer Verschiedenheit geeignet, sich als Familiengründer zu ergänzen und zu vervollkommnen. Die Familie gilt auch im Islam als Grundlage der Gesellschaft. Nur in ihrem Rahmen sind Reproduktion und damit das Fortleben der muslimischen Gemeinschaft in ihrer Gesamtheit möglich. Innerhalb der Familie werden aus muslimischer Sicht ethisch-moralische Werte, aber auch soziale Kompetenz und praktisches Wissen vermittelt. Vor allem aber ist sie der soziale Raum, in dem der Mensch Fürsorge und Zuneigung erfährt.

Unter der Familie wird in der gesellschaftlichen Praxis islamischer Gesellschaften nicht nur die engere Kernfamilie aus Eltern und Kindern verstanden, sondern die Großfamilie, die aus drei Generationen besteht. Zu ihr gehören zunächst die Großeltern, die unverheirateten Töchter und die verheirateten Söhnen mit ihren Frauen und den Enkeln. In den meisten islamischen Gesellschaften gilt die patrilineare Abstammungsregelung. Natürlich bleiben die verheirateten Töchter ihrer Herkunftsfamilie eng verbunden, gleiches gilt für deren Kinder. Zwischen den Familienangehörigen findet ein ständiger, intensiver Austausch an Informationen über das alltägliche Familienleben mit all seinen kleinen Aufregungen ebenso statt wie über Entwicklungen, die die Familie in ihrer Gesamtheit oder einzelne Familienmitglieder betreffen können.

Muslimische Zuwanderer nach Westeuropa fühlen sich weiterhin ihren Großfamilien zugehörig und verpflichtet. Dank moderner Kommunikationstechniken stehen sie mithilfe von Mobiltelefon oder Skype in einem regen Austausch mit allen Familienangehörigen. Leben Familienangehörige an verschiedenen Wohnorten in Deutschland oder Westeuropa, werden nicht nur häufige telefonische Kontakte gesucht, die Verwandten sind bestrebt, sich möglichst häufig zu besuchen. Gelegenheiten zum Wiedersehen bieten private Feiern wie Hochzeiten und andere familienspezifische Ereignisse ebenso wie religiöse oder säkulare Feiertage. Zuwanderer in den aktuellen Flüchtlingsbewegungen bemühen sich, vor allem zu Verwandten zu gelangen, weil sie dank der Familientradition sicher sein können, dass sie dort Unterstützung erhalten. Die ursprüngliche Intensität der verwandtschaftlichen Beziehungen in den Herkunftsländern spielt dabei keine Rolle. Die Beziehung eines in Europa lebenden Verwandten zu seiner Herkunftsfamilie im Heimatland mag sich im Laufe von Jahren gelockert haben, vielleicht sogar mehr oder weniger in Vergessenheit geraten sein, sie wird bei dem Eintreffen von Verwandtschaft, die eine Flucht überstanden hat, wieder belebt, die notwendige Hilfe eingefordert und auch gewährt.

Die Rolle der Großfamilie

Das im Arabischen gebräuchliche Wort für Familie ist 'Â'ila. Es hängt mit einem Verb mit der Bedeutung »unterstützen« oder auch »ernähren« zusammen. Damit ist die Bedeutung der Großfamilie mit diesem einen Wort beschrieben. Die einzelnen Mitglieder der Großfamilie sind zu gegenseitiger Unterstützung in allen Lebensbereichen verpflichtet. Darunter ist nicht nur die Unterstützung im engeren Sinne durch Nahrung, Unterkunft oder Geld zu verstehen. Erwartet wird auch bei Bedarf politische Unterstützung, Hilfe in gewaltförmigen Auseinandersetzungen und Hilfe bei juristischen Schwierigkeiten. Diese Verpflichtungen gelten als reziprok, gehen über die Großfamilie aus den drei Generationen hinaus und schließen auch die weitere männliche Verwandtschaft ein. Das bedeutet, dass sich alle Mitglieder einer Großfamilie und die Verwandtschaft nach Kräften gegenseitig beistehen müssen. Verweigert ein Familienmitglied diese Unterstützung, verliert es im Bedarfsfall selbst die entsprechende Hilfe und ist damit für die Zukunft in einer hoch komplizierten gesellschaftlichen, aber auch wirtschaftlichen Situation. Daher sucht jedes Familienmitglied solche Konflikte mit einzelnen Personen der eigenen Gruppe zu vermeiden.

Hilfsbereites und freundliches Verhalten einer Person gegenüber einer anderen wird häufig als Hinweis auf eine verwandtschaftliche Beziehung verstanden. So berichtet ein amerikanischer Ethnologe aus Marokko, dass er einen Mann nach seinen Familienbeziehungen befragt hat. Dieser nannte eine einflussreiche Person als Teil seiner Verwandtschaft. Als er diese Beziehungen aber nicht nachweisen konnte, erhielt der Forscher die Antwort: »Er verhält sich mir gegenüber wie jemand, der mit mir verwandt ist. Dann muss er doch ein Verwandter sein.«

Koran und Prophetentraditionen über die Familie

Der Koran äußert sich an verschiedenen Stellen ausführlich zur Bedeutung der Familie. Auch für das heilige Buch der Muslime besteht sie aus drei Generationen. Aber der Text spricht auch von der weiteren Verwandtschaft. Das verdeutlicht vor allem die Sure 17 mit dem muslimischen Duodekalog, wo es in Vers 23 und 24 heißt: »Und dein Herr hat bestimmt, dass ihr nur ihm dienen sollt, und dass man die Eltern gut behandeln soll. Wenn eines von ihnen oder beide bei dir ein hohes Alter erreichen, so sage zu ihnen nicht Pfui, und fahre sie nicht an und sprich zu ihnen ehrerbietige Worte./ Und senke für sie aus Barmherzigkeit den Flügel der Untergebenheit und sage: ›Mein Herr, erbarme Dich ihrer, wie sie mich aufgezogen haben, als ich klein war.‹« Und zwei Verse später folgt: »Und lass dem Verwandten sein Recht zukommen, ebenso dem Bedürftigen und dem Reisenden, aber handele nicht ganz verschwenderisch.« An anderer Stelle äußert er sich zu Kindern. So sagt er in Sure 6, 151: »Sprich: Kommt her, dass ich verlese, was euer Herr euch verboten hat: Ihr sollt ihm nichts beigesellen, und die Eltern gut behandeln. Und tötet nicht eure Kinder (aus Angst vor) Verarmung. Euch und ihnen bescheren wir doch den Lebensunterhalt. Andere Stellen zu diesem Thema finden sich in den Suren 2, 215; 4, 36; 8, 41; 13, 23; 16, 90; 29, 8; 31, 14 f.; 33, 4 u. 6; 40, 8; 42, 23; 46, 15 f.; 52, 12; 58, 2; 64, 14 f.

Die Prophetentraditionen betrachten weniger die Familie, sondern vornehmlich das Verhältnis zwischen den Ehegatten. So wird vom Propheten Muhammad der Ausspruch überliefert: »Jede Frau, die stirbt, während ihr Mann mit ihr zufrieden ist, geht ins Paradies ein.« Ein anderer Satz lautet: »Ein Gläubiger soll eine Gläubige nicht verabscheuen. Wenn eine ihrer Eigenschaften ihm zuwider ist, wird er sicher mit einer anderen zufrieden sein.« Auf die Frage, was das Recht der Frau ihrem Mann gegenüber sei, antwortete Muhammad: »Du sollst ihr zu essen geben, wenn du selbst isst, und sie bekleiden, wenn du dich bekleidest. Du darfst sie nicht aufs Gesicht schlagen, sie übel beschimpfen und dich nicht von ihr entfernen, es sei denn im Haus selbst.« Ein merkwürdig ambivalenter Text ist dieser: »Denkt daran, den Frauen Gutes zu tun; denn sie sind bei euch wie Gefangene und ihr könnt nichts anderes von ihnen erreichen als dies; es sei denn, sie begehen eindeutig Unzucht. Wenn sie es tun, dann entfernt euch von ihnen aus euren Schlafgemächern und schlagt sie, wobei die Schläge nicht hart und schwer sein dürfen. Wenn sie euch gehorchen, dann wendet nichts Weiteres gegen sie an.« (In den letzten Sätzen zitiert der Prophet Koran 4, 34.)

Es finden sich aber auch etliche misogyne Aussagen zum Verhältnis der Männer zu den Frauen: So sagt der Prophet: »Wenn ein Mann seine Frau in sein Bett ruft, sie aber sich weigert zu kommen, dann werden die Engel sie verfluchen, bis es Morgen wird.« Eine weitere Aussage: »Zwei Menschen schaffen es nicht, ihre Gebete über ihre Köpfe emporsteigen zu lassen: der Sklave, der seinem Herrn weggelaufen ist, und die Frau, die ihrem Ehemann nicht gehorcht, bis sie umkehrt.«

Die Beziehungen zwischen den Ehepartnern

Nach allgemeiner muslimischer Überzeugung ist der Ehemann die bestimmende Person in der Familie. Zwar haben Musliminnen und Muslime die gleichen religiösen Pflichten; dennoch geht der Islam von einer prinzipiellen Überlegenheit des Mannes gegenüber der Frau aus. Dieses Prinzip gilt auch und vor allem für die Ehe. Die Muslime berufen sich dabei vor allem auf Sure 4, 34 f. des Korans. Dort heißt es: »Männer haben Vollmacht und Verantwortung gegenüber den Frauen, weil Gott die einen gegenüber den anderen bevorzugt hat und weil sie von ihrem Vermögen (für die Frauen) ausgeben. Die rechtschaffenen Frauen sind demütig ergeben und bewahren das, was geheim gehalten werden soll, da

Gott es bewahrt. Ermahnt diejenigen, von denen ihr Wider-
spenstigkeit befürchtet und entfernt euch von ihnen in den
Schlafgemächern und schlagt sie. Wenn sie euch gehorchen,
dann wendet nichts weiter gegen sie an. Gott ist erhaben und
groß./ Und wenn ihr ein Zerwürfnis zwischen beiden (Ehepartnern) befürchtet, dann bestellt einen Schiedsrichter aus
seiner Familie und einen aus ihrer Familie. Wenn sie sich aus-
söhnen wollen, wird Gott ihnen Eintracht schenken. Gott
weiß Bescheid und hat Kenntnis von allem.«

Im Übrigen wird die geringere Stellung der Frau von den
muslimischen Gelehrten bis in die Gegenwart hinein mit
ihren angeblich geringeren intellektuellen Fähigkeiten
begründet. Diese Annahme führt dazu, dass sie in verschiedensten Bereichen des öffentlichen Lebens als weniger wichtig im Vergleich zu Männern betrachtet werden. So gilt ihr
Zeugnis bei Gericht nur halb so viel wie das von Männern.
Allerdings wird auch dem Zeugnis von Nichtmuslimen,
unabhängig vom Geschlecht, vor Gericht weniger Glauben
geschenkt als dem von Muslimen. Die Unterstellung man-
gelnder Intelligenz bietet die Basis für die Begründung, dass
Frauen keine hohen politischen Funktionen übernehmen
können. Im Unterschied zu Ländern wie Saudi-Arabien
haben Musliminnen aber in verschiedenen muslimischen
Staaten im politischen und wirtschaftlichen Leben einflussreiche Positionen erreichen können. Das gilt auch für das
Berufsleben. In der Türkei ist der Prozentanteil von weiblichen Hochschullehrern deutlich höher als in Deutschland.

Noch vor wenigen Jahren war es in vielen muslimischen
Familien des Nahen und Mittleren Ostens üblich, dass die
Männer den Frauen eine entsprechende Summe an Haus-
haltsgeld aushändigten und sich im Übrigen nicht um Haus-

arbeiten und Erziehung der Kinder kümmerten. In besonders konservativen Familien übernahmen die Männer zudem die Einkäufe, damit die Frauen keinen Grund hatten, das Haus zu verlassen. Inzwischen haben in einer Mehrzahl von Staaten der islamischen Welt vorrangig in städtischen Gesellschaften aus verschiedenen finanziellen Gründen auch Frauen Lohnarbeit aufgenommen, um zum gemeinsamen Familieneinkommen beizutragen. Diese wirtschaftlichen Zwänge führten auf der einen Seite zu einer erheblichen Doppelbelastung der Frauen, aber auch zu einem größeren Maß an Selbstständigkeit. Beschleunigt wird dieser Trend zur Selbstständigkeit, wenn die Frauen wegen ihrer häufig höheren Qualifikation eine Stelle in einem ausländischen Unternehmen erreicht haben. Nicht selten erhalten sie dann einen monatlichen Lohn, der dreimal höher ist als der des Ehemannes, der bei einer einheimischen Firma angestellt ist. Frauen in so einer privilegierten Lage, treffen eigenständig wichtige Entscheidungen in Bezug auf den Einsatz von finanziellen Mitteln und die Erziehung der Kinder. Eine solche Entwicklung berührt das Selbstverständnis des Ehemannes in einem negativen Sinn. Es gibt Stimmen, die diese gesellschaftlichen Veränderungen dafür verantwortlich machen, dass politischer Extremismus entstehen konnte. Durch diese radikalen Positionen solle die führende Position des Mannes in der Familie wiederhergestellt werden. Entsprechend sind laut Aussage von Meinungsforschungsinstituten nur die Hälfte der Befragten der Meinung, dass es für die Eheleute befriedigender ist, wenn beide Partner arbeiten.

Auch in eher traditionellen Familien nehmen die Einflussmöglichkeiten der Ehefrau seit jeher im Laufe der Zeit und mit wachsendem Alter zu. Viele Frauen treffen die Entscheidungen über wichtige Fragen innerhalb der Familie. Sie geben sich aber alle Mühe, den Status des männlichen Familienoberhaupts nicht zu beschädigen. Dieses geschickte Verhalten lässt sich vor allem bei Frauen jenseits der Menopause beobachten. Sie gewinnen von diesem Lebensabschnitt an eine größere soziale Bewegungsmöglichkeit und verschaffen sich gegenüber ihrem Mann eine gewisse Überlegenheit. Während die Männer im Verlauf des Alterungsprozesses mehr und mehr an körperlicher Kraft und beruflicher Kenntnis, aber auch sozialer Kompetenz verlieren, behalten ältere Frauen trotz größerem Alter vielfältige Kompetenzen bei. Ihr Ansehen machen sie sich in verschiedener Hinsicht zunutze. Oft gelingt es ihnen, in der Familie eine gewichtigere Rolle zu spielen, sich in der näheren Umgebung als Streitschlichterin zu engagieren und sich größere Freiheiten in ihrer Mobilität zu verschaffen.

Wie verhält es sich mit der Integration alter Menschen in die Familie? Hier ist einiges im Fluss. Noch vor 30 Jahren lehnten die islamischen Rechtsgelehrten die Einrichtung von Altersheimen ab. Sie meinten, dass schon aus dem Koran deutlich werde, dass die Kinder für ihre alten Eltern sorgen müssen. Heute leben aber auch viele ältere Muslime in Altersheimen, weil ihre Kinder zur Pflege und Betreuung nicht in der Lage sind. Das ist auch bei Muslimen in Deutschland so. Inzwischen gibt es daher in großen deutschen Städten auch Heime in muslimischer Trägerschaft. In der Regel wird auch in anderen Alten- und Pflegeheimen auf die besonderen Bedürfnisse der Muslime Rücksicht genommen. Dennoch habe viele Muslime ein schlechtes Gewissen, wenn sie ihren Eltern in ein Heim geben.

Scheidung und Eheauflösung

Das islamische Eherecht kennt die Scheidung. Da zumindest im sunnitischen Eherecht die Ehe auf Dauer angelegt ist, wird die Scheidung von den muslimischen Gelehrten dieser Konfession durchaus kritisch gesehen. In einer Sammlung von Rechtsaussagen zur Scheidung heißt es: »In jeder Scheidung steckt eine Leugnung der Gnade Gottes. Denn die Ehe ist eine von seinen Gnaden und die Leugnung der Gnade ist verboten.«

Wann muss nun eine Scheidung durchgeführt werden? Nach muslimischer Überzeugung muss die Ehe aufgelöst werden, wenn der Konflikt zwischen den Ehepartnern so groß ist, dass die Trennung die einzige Möglichkeit zur Lösung dieses Konflikts darstellt. Das islamische Recht sagt dazu: »Die grundlose Scheidung ist verboten.« Sie ist verboten, weil sie zugleich als ein Schaden für den Ehemann wie für die Ehefrau angesehen wird. Erlaubt ist die Scheidung »wegen des schlechten Charakters der Ehefrau oder wegen ihres schlechten Umgangs, selbst wenn er unabsichtlich geschah.« Über das Verhalten des Mannes wird hier nichts gesagt.

Die Auflösung der Ehe geschieht dadurch, dass der Ehemann eine Scheidungsformel ausspricht. Es gibt mehrere Scheidungsformeln. Die übliche ist der einfache Satz: »Ich scheide mich von dir.« Falls dies im Zorn geschieht, kann der Ehemann die Scheidung formlos zurücknehmen. Auch nach einem weiteren Aussprechen der Scheidungsformel kann er die Scheidungsformulierung wieder für ungültig erklären. Erst bei einer dritten Verkündigung der Scheidungsformel ist die Scheidung endgültig. Absicht dieser Regel ist es, dass der Mann Gelegenheit haben soll, über die Konsequenzen seiner Handlung nachzudenken. Er sollte also nicht dreimal unmittelbar hintereinander die Scheidungsformel aussprechen, sondern dies in einem gewissen zeitlichen Abstand tun. Wie groß diese Zeitspanne sein kann, bleibt offen. Das bedeutet, dass die endgültige Scheidung auch dann erfolgt, wenn sich der Mann im Verlauf von Jahren zu einer dreimaligen Formulierung der Scheidungsformel hinreißen lässt. Daher ist diese Regelung sicher eine Hilfe, um zu vermeiden, dass der Ehemann sie unüberlegt oder im Zorn formuliert.

Konsequenzen einer endgültigen Scheidung

Nach der endgültigen Scheidung sind eine Reihe von Regelungen des islamischen Rechts zu beachten. So darf die geschiedene Frau keine neue Ehe eingehen, ehe sich herausgestellt hat, dass sie von ihrem geschiedenen Mann nicht schwanger ist. Gleiches gilt auch für verwitwete Frauen. In dieser Wartezeit, die drei Monate dauert, muss die geschiedene Frau von ihrem Mann weiter unterhalten werden. Sollte sich eine Schwangerschaft herausstellen, muss der geschiedene Mann zwei Jahre lang für den Unterhalt seiner ehemaligen Frau sorgen. Im Einzelnen sagt der Koran dazu in Sure 2, 233: »Und die Mütter sollen ihre Kinder zwei volle Jahre stillen. Das gilt für den, der das Stillen bis zum Ende führen will. Und derjenige, dem das Kind geboren wurde, hat für ihren Lebensunterhalt und für ihre Kleidung in rechtlicher Weise zu sorgen. Von niemandem wird mehr gefordert, als er vermag. Einer Mutter darf wegen ihres Kindes kein Schaden zugefügt werden, und auch nicht einem Vater wegen seines Kindes. Und der Erbe hat die gleichen Verpflichtungen.

Wenn sie sich jedoch in beiderseitigem Einvernehmen und nach Beratung für die Entwöhnung entscheiden, so ist das für sie kein Vergehen. Und wenn ihr eure Kinder stillen lassen wollt, so ist das für euch kein Vergehen, sofern ihr das, was ihr als Lohn ausgesetzt habet, in rechtlicher Weise übergebt. Und fürchtet Gott. Und wisst, Gott sieht wohl, was ihr tut.« Die Wiederaufnahme der ehelichen Beziehungen nach der endgültigen Scheidung wird durch eine besondere Regelung erschwert. Ein endgültig geschiedenes Paar kann nur dann die Ehe erneuern, wenn die Frau zuvor mit einem anderen Mann verheiratet war und von diesem wieder rechtmäßig geschieden ist. Zweck auch dieser Regelung ist es, die Männer davon abzuhalten, allzu leichtfertig die endgültige Scheidung zu vollziehen. Nicht selten wollen die Männer ihre Frau nach einiger Zeit wieder zurückholen. Wenn dieser neue Ehemann und die Frau inzwischen zu einem guten Einvernehmen gekommen sind, mag sie sich weigern, zu ihrem früheren Mann zurückzukehren. Dieser muss sich dann nach einer neuen Frau umsehen.

Regeln für die Scheidungskinder

Ein weiteres Problem bei Scheidungen war und ist die Zukunft der gemeinsamen Kinder. Das sogenannte Recht der Personensorge (Haddâna) hat Regeln, die für die Frauen häufig besonders schmerzlich sind. Solange die Stillperiode andauert, können die geschiedenen Frauen die Kinder bei sich behalten. Die Väter müssen auch für die Kosten während der Zeit des Stillens aufkommen, wenn die Mütter dies von einer Amme durchführen lassen. Danach gilt die Regel, dass die Kinder so lange bei der Mutter bleiben können, wie sie deren Hilfe im Alltag benötigen. Traditionell hatten sich in diesem Zusammenhang Regelungen entwickelt, nach denen Jungen im Alter von ca. sieben bis acht Jahren in die Familie des Vaters gekommen sind, um dort nach und nach in eine berufliche Tätigkeit eingeführt zu werden. Die Mädchen blieben dagegen häufig bis zum Eintritt der Pubertät bei der Mutter, bei der sie die Grundlagen der Haushaltsführung erlernten. Nach dem Abschluss dieser Phase sorgte der Vater für eine entsprechende Verheiratung. Die Mütter verloren dabei nicht selten den Kontakt zu ihren Kindern. Diese Trennung wurde von ihnen als besonders schmerzlich empfunden. Um die Kinder weiter um sich zu haben, erdulden Frauen oft eine unglückliche Ehe. In einigen Ländern des Nahen und Mittleren Ostens gibt es inzwischen gesetzliche Regelungen, nach denen die geschiedenen Frauen ihre Kinder bis zum Alter von etwa 15 Jahren bei sich behalten können. Anschließend können die Kinder selbst entscheiden, bei welchem Elternteil sie leben wollen.

Können auch Frauen eine Scheidung veranlassen?

Auch Frauen haben nach dem islamischen Recht die Möglichkeit, die Scheidung anzustreben. Sie müssen dazu allerdings ein Gericht einschalten. Sie können die Scheidung erreichen, wenn sie dem Gericht nachweisen, dass die Ehemänner ihren Verpflichtungen gegenüber der Ehefrau und den gemeinsamen Kindern nicht in der vom islamischen Recht vorgeschriebenen Weise nachkommen. Grundsätzlich gehört zu den Scheidungsgründen Impotenz, Demenz, ständige Abwesenheit, vor allem aber das Ausbleiben einer angemessenen Versorgung. Insbesondere das Argument der angemessenen Versorgung wird heute von Frauen aus strategischen Gründen in vielfältiger Weise genutzt, um eine Scheidung zu erreichen. Es ist oft nicht schwer, eine mangelnde oder nicht angemessene Versorgung nachzuweisen. Dennoch sind die Gerichte sehr zögerlich bei Entscheidungen zugunsten der Frau, wenn die Männer eine Scheidung verweigern. Oft müssen scheidungswillige Frauen Versorgungsansprüche aufgeben und Brautgeld und Geschenke zurückgeben.

Der Status von geschiedenen Frauen stellt sich allerdings häufig als prekär dar. Oft ist ihr Unterhalt nicht gesichert und sie müssen in die Familie der Eltern zurückkehren. Entscheiden sich unverheiratete, verwitwete oder geschiedene Frauen, alleine zu leben, wird dieser Zustand in vielen Ländern der islamischen Welt immer noch als ein Skandal betrachtet. Wenn die geschiedene Frau über kein eigenes Einkommen verfügt, stellt sie eine finanzielle Belastung für die Eltern dar. Das macht ihre Situation in der Familie nicht einfacher. Um diese Belastung zu reduzieren, erwartet die Familie, dass eine geschiedene Frau sich bemüht, wieder zu heiraten. Nicht selten gerät sie dabei in den Verdacht, dass sie sich auch für verheiratete Männer interessiert. Sie stellt aus dieser Sicht eine Gefahr für viele Ehen dar. Daher muss sich eine geschiedene Frau bemühen, ein besonders züchtiges Leben zu führen. Ihr sozialer Status ist auf jeden Fall problematisch.

Leichte Scheidung – als Grund für das Scheitern von Ehen?

Das Eingehen einer Ehe ist mit mannigfachen Voraussetzungen verbunden. In vielen islamischen Gesellschaften herrscht ein gewisser Frauenmangel. Die Ursache liegt in einer etwas höheren Kindersterblichkeit unter Mädchen, die teilweise durch schlechtere Ernährung und medizinische Versorgung bedingt ist. Darüber hinaus lässt sich in jüngster Zeit wieder ein geändertes soziales Verhalten feststellen. Ältere Männer aus den reichen Staaten der Arabischen Halbinsel heiraten junge Frauen aus den anderen arabischen Ländern als Zweitfrau. Der Heiratsmarkt entwickelt sich daher bis zu einem gewissen Grad zum Vorteil der Frauen. Hochzeiten sind im Übrigen mit erheblichen Kosten verbunden, die vor allem von der Familie des Mannes aufgebracht werden müssen. Eine Scheidung stellt also nicht zuletzt einen wirtschaftlichen Verlust dar. Daher bemüht sich die überwiegende Zahl der Männer um ein gutes Verhältnis zu ihren Frauen. Seit etlichen Jahrzehnten scheitert etwa ein Drittel der Ehen. Nach anderen Zahlen liegt die Scheidungsrate bei etwa zwei Scheidungen auf 1000 Einwohner. Dieser Prozentsatz ist stabil, da sich auch die Frauen um ein Einvernehmen mit ihren Männern bemühen. Er ist niedriger als in den 1960er Jahren. Dennoch hat die Zahl der Scheidungen aus der unbegründeten Sicht der Öffentlichkeit in vielen Staaten der islamischen Welt zugenommen. Begründet wird dieser Trend mit dem weiter wachsenden Einfluss der westlichen Lebensweise.

Die aktuelle Situation unter den Zuwanderern

Unmittelbar nach der Ankunft in Westeuropa sind Ehepartner vor allem damit beschäftigt, sich mit den Lebensbedingungen in einem fremden Land mit neuen klimatischen, praktischen, kulturellen und vielen anderen Verhältnissen auseinanderzusetzen und sich an sie zu gewöhnen. Häufig haben die Erfahrungen der Fluchtumstände und des Wegs in das Aufnahmeland zu einem engeren Zusammenhalt zwischen den Partnern geführt. Gleichwohl lassen sich aber auch gegenteilige Verhaltensweisen feststellen. Die Konflikte, die aus den Umständen der Flucht entstanden sind, verstärken sich dann im Aufnahmeland. Und vor allem finden sich die Ehepartner in einer völlig neuen Situation. Nun ist es nicht mehr der Ehemann, der ausschließlich für die Versorgung und den Unterhalt der Familie sorgt. Vielmehr erhalten beide Eheleute zunächst eine finanzielle Unterstützung von öffentlichen Einrichtungen wie auch verschiedene Formen von Sachbeihilfen. Dadurch wird die bis dato selbstverständliche Position und Autorität des Ehemannes geschwächt. Diese Situation kann zu Minderwertigkeitsgefühlen bei den Männern führen, die sich z. B. in strengerer Überwachung ihrer Frauen und verstärkter Eifersucht ausdrückt. Darauf wiederum reagieren zahlreiche Frauen, die ihre Ehe bis dahin vor allem wegen der finanziellen Versorgung durch die Ehemänner aufrechterhalten haben, mit dem Wunsch der Scheidung. Auch die Konflikte und Auseinandersetzungen, die zwischen den Eheleuten im Herkunftsland existierten, von den Frauen aber erduldet wurden, treten dann wieder zutage. Die erste Konsequenz aus dieser Situation ist natürlich zunächst die Frage, wie diese Scheidung realisiert werden soll. Dabei gilt, dass das Eherecht nach dem internationalen Privatrecht auch in einem europäischen Land ohne Wirkungsmächtigkeit des islamischen Rechts zumindest in Fragen des Zivil- und damit auch des Eherechts Geltung hat. Wie sich diese juristische Situation auf Dauer entwickelt, bleibt abzuwarten. Gleiches gilt für die Frage, wie sich die Lage der Kinder aus diesen Scheidungsverfahren entwickelt. Deutsche Spezialisten des internationalen Ehe- und Familienrechts werden bald auf einige Fragen Antworten finden müssen.

Wert und Bedeutung von Kindern

Erst mit der Geburt von Kindern entsteht nach muslimischer Überzeugung eine Familie. Es ist für viele Muslime völlig unverständlich, dass ein Ehepaar zusammenlebt und willentlich auf Kinder verzichtet. In der Regel haben Eltern, vor allem Mütter, eine sehr innige und liebevolle Beziehung zu ihren Kindern. Darin unterscheiden sich muslimische Mütter nicht von Frauen in den meisten anderen Kulturen. Muslimische Frauen aller Gesellschaftsschichten sehen es als ihre wichtigste Aufgabe an, Kinder zur Welt zu bringen und sie zu erziehen. Der Status als Mutter sichert aber auch ihre soziale Stellung und ihre persönliche Position in der Familie ab. Diese Sicherheit intensiviert sich vor allem dann, wenn sie männliche Kinder geboren haben. Die enge Bindung an die Kinder führt zu größerem Einfluss innerhalb der Familie und garantiert darüber hinaus den Müttern ein Auskommen im Alter. Denn die Kinder haben die Verpflichtung, sich um ihre Mutter zu kümmern und für ihren Unterhalt zu sorgen.

Wie lange aber bleiben Kinder Kinder? Die muslimischen Gesellschaften kennen im Grunde nur zwei Altersgruppen, Kinder und Erwachsene. Kinder erlangen erst dann den Erwachsenenstatus, wenn sie heiraten, auch wenn dies vor allem heute aus den unterschiedlichsten Gründen erst weit nach der tatsächlichen Geschlechtsreife geschehen kann. Noch vor einigen Jahrzehnten war es üblich, vor allem Mädchen, aber auch Jungen möglichst rasch nach der Pubertät zu verheiraten. Dies ist heute nur noch in wenigen Fällen möglich aufgrund der längeren Ausbildungszeiten, fehlender finanzieller Mittel und der Wohnungsknappheit. So lange die Kinder noch in der Familie leben, werden sie als Kinder angesehen, auch wenn sie schon längst das Erwachsenenalter erreicht haben. Die erwachsenen Kinder erleben diesen Zustand oft als schwer erträgliche Situation. Eine ägyptische Soziologin beschrieb ihre eigenen entsprechenden Erfahrungen als eine »erbarmungslose Führsorge« ihrer Eltern.

Konfliktfaktor Erbschaft

In den Familien der verschiedensten Gesellschaften spielt die Frage der Erbschaft eine wichtige Rolle und führt nicht selten zu Konflikten. Über kaum einen rechtlichen Bereich hat sich der Koran daher so ausführlich geäußert wie über diesen. Die entscheidenden Verse finden sich dazu in Sure 4, 7–12:

»Den Männern steht ein Teil von dem, was die Eltern und die Angehörigen hinterlassen, zu; und den Frauen steht ein Teil von dem, was die Eltern und die Angehörigen hinterlassen, zu. Mag es wenig oder viel sein; (dies gilt) als Pflichtteil./ Und wenn die Verwandten, die Waisen und die Bedürftigen bei der Teilung zugegen sind, so gebt ihnen etwas davon und sagt ihnen, was sich geziemt./ Fürchten sollen sich diejenigen, die, selbst wenn sie schwache Nachkommen hinterlassen würden, besorgt um sie wären. Sie sollen Gott fürchten und zutreffende Worte sprechen./ Diejenigen, die das Vermögen der Waisen zu Unrecht verzehren, verzehren nur Feuer in ihrem Bauch. Und sie werden in einem Feuerbrand brennen./ Gott trägt euch im Bezug auf eure Kinder (folgendes) auf: Einem männlichen Kind steht so viel wie der Anteil von zwei weiblichen zu; sind es nur Frauen, über zwei an der Zahl, so stehen ihnen zwei Drittel dessen, was er hinterlässt, zu; ist es nur eine, steht ihr die Hälfte zu. Den beiden Eltern stehen jedem von ihnen ein Sechstel dessen, was er hinterlässt, zu, wenn er Kinder hat. Wenn er keine Kinder hat und die Eltern ihn beerben, steht seiner Mutter ein Drittel zu. Hat er Brüder steht seiner Mutter ein Sechstel zu. Dies gilt nach Berücksichtigung eines Testaments, das er etwa gemacht hat, oder einer (bestehenden) Schuld. Eure Väter und eure Söhne, ihr wisst nicht, wer von ihnen euch im Nutzen nähersteht. Dies ist eine Pflicht von Seiten Gottes. Gott weiß Bescheid und ist weise./ Euch steht die Hälfte dessen, was eure Gattinnen hinterlassen, zu. Wenn sie Kinder haben, steht euch ein Viertel, was sie hinterlassen, zu, und zwar nach Berücksichtigung eines Testaments, das sie etwa gemacht haben, oder einer (bestehenden) Schuld. Und es steht ihnen ein Viertel dessen, was ihr hinterlasst, zu, wenn ihr keine Kinder habt. Wenn ihr Kinder habt, dann steht ihnen ein Achtel dessen, was ihr hinterlasst, zu, und zwar nach Berücksichtigung eines Testaments, das ihr gemacht habt, oder einer (bestehenden) Schuld. Und wenn ein Mann oder eine Frau von seitlichen Verwandten beerbt wird und er einen Bruder oder eine Schwester hat, dann steht einem jeden von ihnen ein Sechstel zu. Sind es mehr, dann teilen sie sich ein Drittel, und zwar nach Berücksichtigung eines Testaments, das etwa gemacht worden ist, oder einer (bestehenden) Schuld. Es soll kein Schaden zugefügt werden. Die ist ein Auftrag von Gott. Gott weiß Bescheid und ist langmütig.«

Was bedeuten die Erbregeln des Korans heute?

Zunächst ist festzuhalten, dass Frauen nach diesen Erbregeln nur die Hälfte dessen erben, was die Männer erben. Zugleich ist aber auch festzuhalten, dass Frauen nach dem Koran überhaupt erbberechtigt sind. Und es zeigte sich, dass sie in der Lage waren, dieses Recht auch immer wieder, wenn auch nicht ohne Schwierigkeiten, durchzusetzen. Dieses Erbrecht ermöglichte ihnen in vielen muslimischen Gesellschaften, sich wirtschaftlich selbstständig zu machen, Handelsgeschäfte zu unternehmen oder traditionelle Produktions- und Verarbeitungsmittel zu übernehmen und erfolgreich zu führen. Daher ist es nicht erstaunlich, dass sich in der Wirtschaftsgeschichte der islamischen Welt immer wieder erfolgreiche Unternehmerinnen finden. Das gilt natürlich auch für die Gegenwart. Selbst in Staaten mit einer extremen offiziellen Frauenfeindlichkeit wie Saudi-Arabien findet sich eine Vielzahl von Frauen, die finanziell unabhängig ihren Geschäften nachgehen.

Allerdings muss auch beachtet werden, dass durch den Text des Korans neben dem Pflichtteil auch weitere testamentarische Regeln ermöglicht werden, die bei den Erbschaftsauseinandersetzungen bedacht werden müssen. Diese können sich dann unter Umständen negativ für die weiblichen Erbberechtigten auswirken.

Eine weitere Möglichkeit, die weiblichen Erbansprüche zu hintertreiben, war die Einrichtung der »Frommen Stiftung«. Dabei handelt es sich um eine juristische Konstruktion, nach der von einem Stiftungsgeber zu Lebzeiten Teile seines Vermögens für wohltätige oder religiöse Zwecke bestimmt werden können. Diese Vermögensanteile können dann nicht vererbt werden. Vor allem aber waren sie bis weit in die Gegenwart dem Zugriff staatlicher Institutionen entzogen. In vielen islamischen Staaten ist die Verwaltung dieser Stiftungen später von der öffentlichen Hand übernommen worden. Es gab zwei Formen der Stiftungen. In der einen wurden festgelegte Besitztümer, vor allem Immobilien, der Stiftung zugeführt. Dabei wurde in allen Einzelheiten die Verwendung der Einkünfte aus dem Stiftungsvermögen festgelegt. Nach einer anderen Konstruktion konnte der Stiftungsgeber festlegen, dass ein Teil des Einkommens aus der Stiftung seinen Nachkommen als Zuschuss zu ihrem Lebensunterhalt übergeben werden konnte und ein weiterer Teil für die übrigen Stiftungszwecke bereitgestellt werden sollte. Zweck der Konstruktion der »Frommen Stiftung« war es, die Besitztümer des Stiftungsgebers dem Zugriff des Staates zu entziehen. Denn dieser übernahm nicht selten ohne eine rechtliche Handhabe den Besitz vermögender Personen. Im Rahmen dieser Form der Stiftung konnte der Stifter bestimmen, welche seiner Nachkommen aus den Mitteln der Stiftung unterstützt werden sollten. Häufig wurden die weiblichen Nachkommen dabei nicht bedacht.

Gewohnheitsrecht und andere Rechtssysteme

Das islamische Recht, aber auch das säkulare Recht vieler muslimischer Staaten spricht weiblichen Erben den Zugriff auf alle ihnen zustehenden Besitztümer eines Erblassers zu, auf die sie Anspruch haben. Neben dem islamischen Recht und dem säkularen Recht, das häufig nach dem Vorbild des Rechts westlicher Staaten entwickelt worden ist, gibt es in vielen Staaten der islamischen Welt auch noch eine Rechtsart, die als »Gewohnheitsrecht« bezeichnet wird. In der alltagrechtlichen Praxis setzt sich diese Rechtsform, die nicht kodifiziert ist und durch orale Traditionen weitergegeben wird, gegenüber den beiden anderen Rechtssystemen durch. Dieses Gewohnheitsrecht variiert allerdings von Region zu Region. Es beeinflusst vor allem die Umsetzung des Erbrechts.

Das Gewohnheitsrecht setzt sich gegenüber dem islamischen und dem westlich inspirierten Recht aus verschiedenen Gründen durch. In ländlichen Gebieten der islamischen Welt prägt das Gewohnheitsrecht die bäuerliche Gesellschaft, die von jeher städtischen Lebensformen kritisch gegenübersteht. Diese Vorbehalte bestehen besonders gegenüber dem Rechtssystem und seine Verfahren. Auseinandersetzungen vor einem Gericht mit seinen Verfahrensregeln sind nicht nur für ländliche Konfliktparteien undurchschaubar. Die Einschaltung eines Gerichts ist darüber hinaus mit Kosten verbunden. Die Ergebnisse der Gerichtsentscheidungen entsprechen häufig nicht den Erwartungen der Parteien. Alternativ lassen sich Konflikte in kleineren gesellschaftlichen Gruppen wie denen in einem Dorf auf traditionelle Art regeln. Das fördert den allgemeinen Rechtsfrieden und trägt zur Wie-

derherstellung tragbarer Beziehungen zwischen Konfliktparteien bei.

Ein weiterer Grund für die Stärke des Gewohnheitsrechts
gegenüber dem islamischen ist, dass viele Rechtsgelehrte dessen Regeln als eine der möglichen Rechtsquellen betrachten.
Das geschieht in all den Fällen, in denen die üblichen Rechtsquellen Koran, Prophetentraditionen, Analogieschluss und
Konsens der Gelehrten keine Hinweise auf die juristische Klärung eines Falles ermöglichen. Hinzu kommt, dass sich auch
Richter, die an den säkularen Gerichten muslimischer Staaten
tätig sind, in einer Reihe von Fällen weigern, ein Verfahren zu
eröffnen. Sie begründen das damit, dass es sich um Bereiche
des Gewohnheitsrechts handelt, die sich dem säkularen Recht
entziehen.

Gewohnheitsrecht und Erbrecht

Selbst ein knapper Überblick über die verschiedenen Aspekte des Gewohnheitsrechts in Erbfällen ist hier nicht möglich. Bisher fehlen auch die entsprechenden Untersuchungen
der Rechtsethnologie. Als typisch für diese Thematik kann
seine Anwendung aber wohl für die Situation in Ägypten
bezeichnet werden. Hier ist es für Frauen außerordentlich
schwierig, ihre Erbansprüche bei Immobilien durchzusetzen, auch wenn sie die ihnen zustehenden Erbanteile an
Geld, langlebigen Konsumgütern wie Autos, Möbeln,
Schmuck oder Kunstgegenständen erhalten. Solche Erfahrungen machen nicht nur Erbinnen im ländlichen Raum
oder in den traditionellen Volksvierteln der großen Städte,
sondern auch Damen gebildeter Schichten mit internationa-

len akademischen Abschlüssen. Die Übernahme von Immobilien wird ihnen von der männlichen Verwandtschaft trotz aller offiziellen rechtlichen Regelungen verweigert. Begründet werden diese Weigerungen damit, dass die Frauen nicht in der Lage seien, die Immobilien angemessen zu bewirtschaften. Betrifft der Erbfall landwirtschaftliche Flächen, lautet das Argument, dass durch die Erbteilung die zu vererbende landwirtschaftlichen Fläche zu klein würde, um sie erfolgreich zu bewirtschaften. Konkret werden auch häufig ganz praktische Hinderungsgründe benutzt. Das beginnt damit, dass das entsprechende Grundstück erst genau vermessen werden muss, wodurch überflüssige Kosten entstehen. Lässt sich eine Erbin dadurch nicht abhalten, ihr Recht einzufordern, muss sie trotz der höherrangigen Erbansprüche männliche Verwandte durch Geldzahlungen oder andere Zuwendungen entschädigen. Besonders energische Frauen haben schon in früheren Jahrhunderten in Ausnahmefällen ihre Erbansprüche gegen die Praxis des Gewohnheitsrechts durchsetzen können. Auch heute finden sich Erbinnen, die dazu in der Lage sind. Sie stellen aber immer noch eine Ausnahme dar.

Essen und Trinken in der islamischen Welt

Grundsätzlich nimmt der Islam eine wohlwollende Haltung gegenüber den angenehmen Seiten von Essen und Trinken ein. So sagt der Koran in Sure 2, Vers 172: »O ihr, die ihr glaubt, esst von den köstlichen Dingen, die Wir euch beschert haben und danket Gott, so ihr Ihm dient.« Schon vier Verse zuvor heißt es: »O ihr Menschen, esst von dem, was es auf der Erde gibt, so es erlaubt und köstlich ist.« An die Speisen, die die Gläubigen zu sich nehmen, werden also zwei Kriterien angelegt: Sie müssen erlaubt sein und sie sollen gut schmecken. Das Vergnügen an gutem Essen wird dann im Paradies für die Seligen, die dorthin gelangen noch größer sein. So heißt es in Sure 56, 20 f. über die Speisen, die den Seligen gereicht werden: »[…] und Früchten, von dem, was sie sich auswählen, und Fleisch von Geflügel von dem, was sie begehren« und in Vers 28 f. dieser Sure heißt es dann: »Sie sind unter Ziziphusbäumen ohne Dornen und übereinander gereihten Bananen.« Gutes Essen wird also als eine Gabe und als Gnade Gottes verstanden, die die Menschen genießen sollen.

Welche Speisetabus müssen Muslime beachten?

Im Vergleich zu den komplizierten Speise- und Getränke-
vorschriften des Buches Leviticus des Alten Testaments stellen sich die islamischen Vorschriften einfacher dar. Die
zweite Sure des Korans befiehlt in Vers 173 kurz und knapp:
»Verboten hat Er euch nur Verendetes, Blut, Schweinefleisch
und das, worüber ein anderer als Gott angerufen worden ist
[…].« Unter Verendetem (arabisch mayyit) verstehen die
Korankommentatoren das Fleisch von Tieren, die nicht in
rituell korrekter Weise geschlachtet worden sind. In Sure 5, 3
wird das präzisiert: »[…] Ersticktes, Erschlagenes, Gestürz-
tes, Gestoßenes und das, was ein wildes Tier angefressen hat
[…].« Diese rituell korrekte Schlachtung hat so zu erfolgen,
dass das Tier in Richtung Mekka gerichtet wird, der Schläch-
ter die Formel »Im Namen Gottes« ausspricht und das Tier
dann schächtet, also die Halsschlagadern öffnet und das Tier
ausbluten lässt. Diese Regelung gilt für Säugetiere und für
Geflügel, aber nicht für Wassertiere und Heuschrecken.
Über den Konsum von Affenfleisch sowie den von einigen
Raubtieren, Aalen und Kaviar herrscht keine eindeutige Meinung unter den muslimischen Rechtsgelehrten. Eine Mehrzahl von ihnen vertritt die Meinung, dass all das, was eklig,
hässlich oder unappetitlich sei, nicht gegessen werden sollte.
Das Ausbluten des Tieres bei der Schächtung ist erforderlich,
weil Blut als unrein angesehen wird. Es darf daher nicht kon-
sumiert werden. Gerichte, zu deren Zutaten Blut gehört, sind
für Muslime verboten (harâm). Über die Ursachen des Verbots von Schweinefleisch durch den Koran haben westliche
Ethnologen und Religionswissenschaftler intensiver nachge-
dacht als muslimische Gelehrte. Immerhin nahmen sie in der

zweiten Hälfte des 19. Jahrhunderts zur Kenntnis, dass durch Schweinefleisch Trichinen auf den Menschen übertragen werden, die zur Trichinose, einer Krankheit mit früher teilweise dramatischen Folgen, führt. Die muslimischen Gelehrten sahen in der Folge im Verbot von Schweinefleisch einen Beleg für die Weisheit des Korans. Durch das Verbot von Schweinefleisch wurde ja die Gefahr einer Krankheit gebannt. Für die Mehrzahl der heutigen muslimischen Gelehrten reicht die Tatsache des eindeutigen Verbots durch das heilige Buch als Richtlinie in der Regel aus und muss nicht hinterfragt werden. Das Schwein (khanzîr) wird grundsätzlich als unrein angesehen. Das Attribut der Unreinheit bezieht sich nicht nur auf das Fleisch des Tieres, sondern auch auf seine Haut, seine Knochen und seine Borsten. Produkte wie Besen, Koffer oder Schuhe aus diesen Materialien sind für Muslime damit ebenfalls verboten. Auch Produkte, zu deren Herstellung Gelatine verwendet wird, unterliegen dem Verbot, das für Schweinefleisch gilt. Muslimen ist bekannt, dass dazu das Bindegewebe von Schweinen verwendet wird. Sie lehnen daher Produkte die aus oder mit Gelatine hergestellt werden, ab. Deshalb meiden sie den Genuss der bekannten Gummibärchen und andere Süßigkeiten, in denen dieser Stoff enthalten ist. Die Ablehnung bezieht sich aber auch auf Arzneimittel, bei denen Gelatine Verwendung findet, obwohl die muslimischen Rechtsgelehrten für Therapiezwecke Dispens erteilen. Weitere Erörterungen sind auch im Fall der Gelatine aber nicht erforderlich. Inzwischen hat die Heilmittelindustrie einige Ersatzstoffe entwickelt. Der tatsächliche Konsum von Schweinefleisch ist für Muslime außerordentlich Ekel erregend. Auch die überwiegende Mehrzahl der Muslime, die ihrer Religion nicht so streng folgen und sich selbst als Atheisten verstehen, vermeidet den Konsum von Schweinefleisch.

Konsequenzen des Schweinefleischverbots für Muslime in Deutschland

Da durch den Kontakt mit allem, was zum Schwein und seinem Umfeld gehört, für den Muslim rituelle Unreinheit entsteht, stellt sich die Frage, ob ein Muslim in Europa in einem Lokal essen kann, in dem auch Schweinefleisch serviert wird, oder in einer Metzgerei einkaufen kann, in der Schweinefleisch oder Produkte aus Schweinefleisch angeboten werden. Die überwiegende Zahl der muslimischen Rechtsgelehrten ist der Meinung, dass dies bei Einhaltung bestimmter Regeln möglich sei. Es ist unter allen Umständen sicherzustellen, dass Geschirr, Besteck, Waagen und andere Gerätschaften, die mit Schweinefleisch in Kontakt gekommen sind, zunächst gereinigt werden. Erst danach dürfen sie von Waren berührt werden, die für einen Muslim rituell erlaubt sind und daher gekauft werden können. Muslimischem Servicepersonal in Restaurants ist es ebenfalls erlaubt, dort zu arbeiten, selbst wenn Gerichte mit Schweinefleisch auf der Karte stehen, solange es keine andere Arbeitsmöglichkeit gibt. Die muslimischen Kellnerinnen und Kellner sollten aber möglichst versuchen, eine andere Arbeitsstelle zu bekommen. Muslimische Köche oder Metzger sollten dagegen nicht in Küchen oder auf Schlachthöfen und in Fleischfabriken arbeiten, in denen sie mit Schweinefleisch in Kontakt kommen. Wie oben schon festgestellt, gestattet das islamische Recht die Verabreichung von pharmazeutischen

Produkten, deren Inhaltsstoffe auch Produkte von Schweinen beinhalten, wie z. B. Gelatine, bei der entsprechenden medizinischen Indikation. Muslimische Patienten verweigern aber trotz dieser Erlaubnis die Einnahme solcher Produkte.

Das Verbot, Fleisch von erlaubten Tieren zu essen, die nicht rituell korrekt geschlachtet worden sind, selbst wenn eine Schächtung erfolgte, geht vermutlich auf die Situation des Frühislams zurück. Die junge muslimische Gemeinde sollte sich auch durch diese Regelung von der andersgläubigen Mehrheit unterscheiden. Das islamische Recht erteilt bei all diesen Verboten Dispens, wenn für den gläubigen Muslim die Gefahr des Hungertodes besteht und er nur durch den Konsum von Lebensmitteln, die rituell verboten (harâm) sind, sein Überleben gewährleisten kann.

Wie wird das Alkoholverbot begründet?

Neben dem Verbot des Verzehrs von Schweinefleisch ist der westlichen Öffentlichkeit vor allem das Alkoholverbot bekannt. Bei der Entwicklung dieses Tabus stellt sich die Situation sehr viel komplizierter dar als bei den Vorschriften zum Schweinefleisch. Denn der Koran äußert sich zunächst recht positiv zum Konsum dieses Getränks. Die vorislamischen Araber waren dem Wein durchaus zugetan, obwohl es sich um ein Luxusgut handelte, das aus Syrien oder Mesopotamien importiert werden musste. In der vorislamischen arabischen Dichtung haben Weinlieder einen festen Platz.

Was sagt nun der Koran zum Weinverbot? Auf der Arabischen Halbinsel wurden Weinreben in vorislamischer Zeit nur in den gebirgigen Regionen des Jemen angebaut. Berühmt waren vor allem die von dort stammenden Rosinen. Wein selbst musste aus dem heutigen Syrien, Libanon und Palästina importiert werden. Dieser Import war so wichtig, dass das arabische Wort für Händler, Tâjir' ursprünglich nur »Weinhändler« bedeutet. Im Koran heißt es daher bezüglich des Weins zunächst in Sure 16, Vers 67: »Und Wir geben euch von den Früchten der Palmen und der Weinstöcke, woraus ihr euch ein Rauschgetränk und einen schönen Lebensunterhalt nehmt. Darin ist ein Zeichen für Leute, die verständig sind.« Der Wein ist also nach dieser Aussage ein Teil der Schöpfung Gottes, die von den Muslimen als vollkommen angesehen wird. Dann liest man in Sure 2, Vers 219: »Sie fragen dich nach dem Wein und dem Glücksspiel. Sprich: In ihnen liegt eine große Sünde und auch vielfacher Nutzen für die Menschen. Aber die Sünde in ihnen ist größer als der Nutzen […].« Von einem eindeutigen Verbot ist hier noch nicht die Rede, aber immerhin schon von einer Warnung vor dem Alkoholkonsum. In Sure 4, Vers 46 werden die Gläubigen aufgefordert, nicht betrunken zum Gebet zu kommen. Das ist an sich eine Selbstverständlichkeit, deutet aber darauf hin, dass der Alkoholkonsum in Medina so verbreitet war, dass diese Ermahnung als erforderlich betrachtet wurde. Die schärfste Verurteilung des Weins steht in Sure 5, Vers 90 f.: »O ihr, die ihr glaubt, der Wein, die Opfersteine und die Lossteine sind ein Greuel von Satans Werk. Der Satan will ja durch Wein und Glücksspiel Feindschaft zwischen euch erregen und euch vom Gebet abbringen. Werdet ihr wohl aufhören?« Hier wird auf die Enthemmung durch den exzessiven Weingenuss hingewiesen, der zu Auseinandersetzungen innerhalb der muslimischen Gemeinde führen und die Gläubigen von der Erfüllung ihrer Glaubenspflichten abbringen kann.

Die sich erst nach und nach entwickelnde Ablehnung des Weins im Koran wird von Muslimen heute damit begründet, dass die Menschen erst langsam an die verschiedenen Gebote und Verbote des Islams gewöhnt werden sollten. Wären alle Regeln auf einmal verkündet worden, hätte die Aufgabe der alten Gewohnheiten sich vielleicht als eine Belastung erwiesen, die Menschen zum Islam zu bekehren. Die schrittweise Verhärtung des Korans gegenüber dem Weinkonsum ist also aus muslimischer Sicht die Folge einer göttlichen, strategischen Überlegung. Westliche Koranspezialisten sind in ihrer Interpretation anderer Ansicht. Die Sure 16 ist in Mekka entstanden, die Suren 2 und 5 in Medina. In den mekkanischen Suren, die früher als die medinensischen Teile des Korans offenbart wurden, stehen theologische Themen im Vordergrund. Auch der Wein wird als Beleg für die Vollkommenheit der Schöpfung und des Schöpfers verstanden. Die medinensischen Suren gehen verstärkt auf politische, soziale und rechtliche Themen ein, die für den jungen muslimischen Staat relevant waren. Das koranische Alkoholverbot steht also im Zusammenhang mit dem Alkoholkonsum in der frühislamischen Gemeinde von Medina.

Praktische Konsequenzen des Alkoholverbots

In der modernen industriellen Nahrungsmittelproduktion lässt sich das Alkoholverbot nur schwer einhalten. Aus Gründen der Haltbarmachung oder der Geschmacksverbesserung müssen zahlreichen Produkten regelmäßig geringe Mengen an Alkohol zugesetzt werden. Fromme Muslime lehnen derartige Produkte ab. In vielen islamischen Ländern dürfen entsprechende Angebote nicht auf dem Markt erscheinen. Große Nahrungsmittelkonzerne haben sich den Erwartungen der Konsumenten angepasst und nutzen in solchen Fällen Ersatzstoffe wie Kaliumsorbat anstelle von Alkohol. Durch diesen Zusatz kann sich jedoch der Geschmack der Produkte verändern. Neuerdings wird auch vor allergischen Reaktionen gewarnt.

Bis weit in die 1960er Jahre hinein wurde Alkoholkonsum in den meisten Regionen der islamischen Welt, von besonders stark religiös geprägten Ländern wie Saudi-Arabien einmal abgesehen, eher als ein leichter Verstoß gegen die Regeln des Islams angesehen. Mit der Reislamisierung seit den 1970er Jahren werden alkoholische Getränke von zahlreichen Muslimen als typisch westlich dekadente Konsumgüter betrachtet und konsequent abgelehnt. Die eigenen alten Weintraditionen werden dagegen geleugnet. Politische Regime in islamischen Staaten, die den Verkauf oder öffentlichen Konsum von Alkoholika gestatten, sehen sich den Attacken von Vertretern des radikalen Islams ausgesetzt, die die liberale Haltung als einen Beweis des Heidentums der Regierenden betrachten. Angesichts solcher Angriffe greifen Regime zuerst auf das Verbot von Alkohol zurück, um die Islamizität ihrer Herrschaft unter Beweis zu stellen. Wie schon im Mittelalter müssen sich Freunde alkoholischer Getränke nun wieder auf Schmuggel und den Schwarzmarkt verlassen, wenn sie Wein, vor allem aber hochprozentige alkoholische Getränke erwerben und konsumieren wollen.

Kaffee, Tee und Cola-Getränke

Die strengen Regelungen des islamischen Rechts für alkoholische Getränke dehnten sich in der Folge auf weitere
Getränke aus. Kaffee, der sich seit dem 15. Jahrhundert zu
einem in der islamischen Welt allgemein beliebten Genussmittel entwickelt hatte, wurde mit Verboten belegt. Die
Ablehnung beruhte u. a. auf den sprachlichen Wurzeln des
Getränks. Das arabische Wort für Kaffee ist Qahwa. Dabei
handelt es sich jedoch um ein Wort, dass vor der Entdeckung
des Kaffees eins der Worte für Wein war. Da die gelehrten
Gegner des Kaffeekonsums aber nicht in der Lage waren,
nachzuweisen, dass auch größte Mengen konsumierten Kaffees zu Trunkenheit führten, entfiel das entscheidende Argument, das gegen den Kaffee hätte sprechen können. Von
Bedeutung war dabei auch, dass die muslimischen Mystiker
Kaffee als Stimulanz bei ihren oft stundenlangen religiösen
Übungen nutzten. Daher konnte argumentiert werden, dass
Kaffee eine Hilfe beim Gebet und Lob Gottes war. Dennoch
versuchten die Behörden des Osmanischen Reichs immer
wieder, den Kaffeekonsum zu unterdrücken. Ein langfristi-
ger Erfolg dieser Bemühungen stellte sich aber nicht ein. Tee
dagegen war von Anfang an erlaubt.

Beliebte Softdrinks

Softdrinks aus westlicher Produktion erfreuen sich bei der
muslimischen Bevölkerung vieler Staaten großer Beliebtheit.
Sie gelten als modern, verstoßen nicht gegen die Regeln des
Islams und sind relativ preiswert, weil sie vor Ort in Lizenz

produziert werden können. Vor allem Coca Cola wurde aber hin und wieder aus politischen Gründen mit einem Embargo belegt. Stattdessen versuchten Produzenten eine spezielle Cola-Sorte für Muslime auf den Markt zu bringen, die den Namen Mecca Cola oder Zamzam Cola (nach der heiligen Quelle in Mekka) erhielten. Derzeit hat es den Anschein, dass sich diese Marken sowohl bei Muslimen in Europa, vor allem in Frankreich, und im Nahen und Mittleren Osten durchsetzen.

Besonders konservative Muslime lehnen aber alle Arten von Kaffee, Tee oder Soft Drinks ab. Nach dem Vorbild des Propheten Muhammad begnügen sie sich mit Wasser und Milch, vor allem Kamelmilch, wenn diese zu erhalten ist.

Der Islam zu Tabak und anderen Rauschmitteln

Tabak als ein aus Amerika stammendes Genussmittel wird selbstverständlich im Koran nicht erwähnt. Trotz der auch in den Ländern der islamischen Welt bekannten Tatsache, dass Rauchen schwere gesundheitliche Folgen haben kann, erfreut sich der Tabakkonsum weiterhin wachsender Beliebtheit. Vor allem seit den letzten zehn Jahren haben verschiedene muslimische Religionsgelehrte versucht, mit religiösen Argumenten gegen den Tabakkonsum zu argumentieren. Sie nutzten dazu vor allem die zahlreichen Koranverse, in denen die Menschen aufgefordert werden, sich nicht selbst zu schaden. Es fanden sich sogar Gelehrte, die der Überzeugung waren, dass der Konsum von verschiedenen Arten von Tabak wegen der Gefahren des Sekundärrauchens als schädlicher als der Genuss von Alkohol angesehen werden müsse, weil nicht nur der

Einzelne sondern auch seine Umgebung dadurch in Mitleidenschaft gezogen würden. In diese Debatten fließen auch Unterschiede zwischen dem Rauchen von Zigaretten und der Wasserpfeife, der Schischa, ein. Zwar meinen die Gelehrten, dass das Rauchen der Schischa weniger schädlich sei als das von Zigaretten. Trotz der langen Tradition, auf die die Schischa in islamischen Gesellschaften zurückblicken kann, lehnen sie ihren Gebrauch dennoch ab. Mit ihrer kritischen Einstellung gegenüber dem Tabakkonsum in allen seinen Formen haben die muslimischen Gelehrten bisher keinen Erfolg gehabt. Der Prokopfverbrauch von Tabakprodukten nimmt in islamischen Gesellschaften immer noch zu.

Haschisch, Opium und moderne Rauschgifte

Der Konsum von Opium und Haschisch hat in muslimischen Gesellschaften eine lange Tradition. Die ersten schriftlichen Belege darüber lassen sich im 13. Jahrhundert feststellen, also in der Zeit, in der das Alkoholverbot durch die muslimischen Rechtsgelehrten präzisiert wurde. Opium (Banj) wurde zunächst als anästhetisches Mittel in der Medizin verwendet. Als Rauschmittel war es zunächst schon wegen seines Preises von geringerer Bedeutung. Da weder im Koran noch in den Prophetentraditionen Feststellungen zum Haschisch zu finden sind, gab es zunächst keine Veranlassung, entsprechende Verbote auszusprechen, weil es sich um eine Pflanze handele. Pflanzen aber sind nach dem islamischen Recht rituell rein. Noch bis in das 20. Jahrhundert hinein blieb der Konsum von Haschisch eine vor allem in den unteren Schichten der muslimischen Gesellschaften übliche Praxis, die weder von muslimischen Autoritäten noch von staatlichen Institutionen verfolgt wurde. Erst seit den 1980er Jahren sind die muslimischen Gelehrten zu der Entscheidung gekommen, dass der Genuss von Haschisch ebenso wie der von Opium verboten ist, da sich daraus schwere negative gesellschaftliche Konsequenzen ergeben. Der Konsum von modernen Rauschgiften wie Heroin, Kokain und die zahlreichen Designerdrogen wurde sofort nach ihrem Erscheinen auf dem Markt von allen muslimischen Rechtsgelehrten strikt verboten und teilweise mit drakonischen Strafen wie der Todesstrafe bedroht.

Die Bedeutung der Gastlichkeit für Muslime

Eine grundlegende soziale Norm

Gastlichkeit gehört zu den grundlegenden sozialen Verhaltensnormen von Muslimen in aller Welt. Sie kann auf eine lange Tradition zurückblicken, die in die vorislamische Zeit zurückreicht. Ihre Bedeutung hat sie aber bis auf den heutigen Tag nicht verloren. Diese Wertschätzung kann sich auf die koranischen Aussagen und die Aussprüche des Propheten beziehen.

Zwar verändert sich im Islam die Einstellung zur Gastlichkeit gegenüber den Übertreibungen der vorislamischen Zeit ein wenig. Sie blieb aber weiter von Bedeutung. Der Koran macht jedoch ganz klar, dass ein Übermaß nicht statthaft ist. In Sure 17, Vers 26–28 heißt es: »Und lass dem Verwandten sein Recht zukommen, ebenso dem Bedürftigen und dem Reisenden, aber handele nicht ganz verschwenderisch./ Diejenigen, die verschwenderisch sind, sind die Brüder der Satane; und der Satan ist gegenüber seinem Herrn sehr undankbar.« Die Thematik wird im übernächsten Vers noch einmal aufgenommen: »Und lass deine Hand nicht an deinem Hals gefesselt sein, aber streck sie auch nicht vollständig aus. Sonst würdest du getadelt und verarmt dasitzen.« Hier geht es also darum, dass man den Regeln der Gastlichkeit zwar folgen soll, dabei sich aber nicht finanziell ruinieren darf.

Vom Propheten Muhammad ist eine erstaunliche Vielzahl von Aussprüchen zur Gastlichkeit übermittelt. Thematisch sind sie ebenso vielfältig. Ganz zentral und häufig auch von heutigen Muslimen zitiert, lautet ein Text: »Der Prophet sagte: Dienet dem Erbarmer, gebt die Speise zu essen und verbreitet den Friedensgruß gegenüber dem, den ihr kennt, und dem, den ihr nicht kennt. Dann werdet ihr in das Paradies eintreten.« Zu der bis ins 19. Jahrhundert gültigen Regel, dass sich ein Gast drei Tage lang bei einem Gastgeber aufhalten durfte, ehe man ihn nach dem Grund seiner Anwesenheit fragte, wird vom Propheten der folgende Satz überliefert: »Der Gesandte Gottes sagte: Wer an Gott glaubt und an den Jüngsten Tag, der soll seinen Gast ehren: [...] Die Gastfreundschaft gilt für drei Tage, was darüber hinaus ist, ist ein Almosen. Es ist nicht erlaubt, dass er (der Gast) so lange bleibt, dass er ihn (den Gastgeber) in Bedrängnis bringt.«

Häufig wird in den Traditionssammlungen auf die Bedeutung des gemeinsamen Essens hingewiesen. Danach soll vom Essen niemand ausgeschlossen werden, auch wenn Lebensmittel nur begrenzt zur Verfügung stehen. So soll der Prophet gesagt haben: »Ein Essen für eine Person reicht für zwei, ein Essen für zwei reicht für vier und ein Essen für vier reicht für acht Personen.« Bei der Teilnahme am Gastmahl sollten soziale Unterschiede bedeutungslos sein. »Der Prophet sagte: Wenn der Diener eines von euch ihm die Speisebereitung, die Hitze und den Rauch abnimmt, dann soll er ihn bei der Hand nehmen und mit sich sitzen lassen. Wenn er es ablehnt, dann soll er einen Bissen nehmen und ihm zu essen geben.«

Sich dem Gast gegenüber als großzügig zu erweisen, ist daher nicht nur eine gesellschaftliche Norm, sondern auch eine religiöse Pflicht, deren Erfüllung mit dem Einzug ins

Paradies belohnt wird. Andererseits macht der Propheten-
ausspruch auch deutlich, dass der Gast den Gastgeber wirtschaftlich nicht zu sehr belasten soll. Hiermit wird eine
Aussage des Korans auf den Bereich der Gastlichkeit angewendet, der sich auf die Pflicht des Almosens bezieht. Angesichts der Bedeutung der Worte des Korans als unerschaf-
fenes Wort Gottes in arabischer Sprache und als direkte
Handlungsanweisung Gottes an seine Geschöpfe, verstärkt
durch das Beispiel des Propheten Muhammad bleibt die
Bedeutung der Gastlichkeit für alle muslimischen Gesellschaften eine von politischen Wechselfällen, kulturellem
Wandel oder gesellschaftlichen Entwicklungen unbeein-
flusste Regel.

Gastlichkeit in der Zeit des islamischen Mittelalters

Die Blütezeit der mittelalterlichen islamischen Welt wird mit
der Dynastie der Abbasiden (750–1258) in Baghdad in Verbindung gebracht. Diese Blüte lässt sich aber auch weit über
das Herrschaftsgebiet der Abbasiden hinaus in vielen muslimischen Ländern feststellen. In dieser Epoche entsteht
neben vielem anderen eine islamische Dogmatik und Juris-
prudenz, die sich auch auf das Alltagsleben der Muslime
bezieht und auch das Moment der Gastlichkeit nicht aus-
spart. Der bedeutendste Jurist und Theologe des islamischen
Mittelalters ist Abû Hamîd al-Ghazzâlî (gest. 1111), der in
einem epochalen Werk unter dem Titel Ihyâ 'ulûm al-dîn
(Die Wiederbelebung der religiösen Wissenschaften) zu zen-
tralen Themen des Glaubens und des Lebens Stellung be-

zieht. Es geht nicht nur um theologische Fragen wie die der Einheit Gottes, der Natur der Engel oder der richtigen Erfüllung der Glaubenspflichten, sondern auch um Themen des Tagesgeschäfts in den Bazaren und des rechten Verhaltens in der Familie. Hierbei entwickelt er auch eine Systematisierung und Ethisierung der Art und Weise, in der sich Gäste und Gastgeber zu verhalten haben. Al-Ghazzâlî nutzt dabei die entsprechenden Aussagen des Korans und die Prophetenüberlieferungen, aber auch eine Vielzahl von weniger autoritativen Quellen der islamischen Frühzeit. All diese Berichte und Informationen stellt er so zusammen, dass sie für einen Leser seiner Zeit als Orientierung für das rechte Verhalten als Gast und Gastgeber dienen konnten. Angesichts der überragenden Bedeutung dieses Gelehrten setzte sich seine Wirkungsmächtigkeit bis weit in die Moderne fort.

Das Hauptwerk von al-Ghazzâlî Ihyâ ulûm al-dîn (Die Wiederbelebung der religiösen Wissenschaften) enthält ein Kapitel über die guten Sitten von Gast und Gastgeber. Al-Ghazzâlî teilt seine Überlegungen zu den guten Sitten beim Essen und Trinken in fünf Kapitel ein. Zunächst geht er auf das Verhalten für den Fall ein, dass der Gläubige für sich allein sein Mahl zu sich nimmt. In den weiteren drei Kapiteln und dem Abschlusskapitel geht es dann stets um das Essen in der Gemeinschaft. Der Ablauf des Geschehens wird von der Einladung zum Essen über die Tischordnung, die eigentliche Nahrungsaufnahme bis zur Verabschiedung in einem geradezu minutiös formulierten Programm der Gastlichkeit dargestellt.

Der islamischen Grundhaltung des Maßhaltens entsprechend, empfiehlt al-Ghazzâlî zwar Großzügigkeit, fordert aber zugleich Bescheidenheit von Gast und Gastgeber. So soll der Gastgeber keinen großen Aufwand betreiben und dem Gast die Produkte vorsetzen, die er gerade im Hause hat. »Wenn man dich besucht, so setze vor, was da ist; wenn man dich einlädt, so ziere dich in keiner Weise, aber lass dich auch nicht gehen.« Vor allem sollte der Gast keine Ansprüche stellen, weil er dem Gastgeber damit Mühe bereiten könnte. Wenn er dem Gast zwei Gerichte zur Auswahl stellt, sollte dieser das wählen, das am wenigsten Kosten verursacht. Dazu überliefert al-Ghazzâlî folgende Begebenheit: »Ein Prophetengenosse kam mit einem Freund zu Salmân al-Fârisî. Salmân setzte ihnen Gerstenbrot und grobes Salz vor. Der Freund sagte: ›Wenn in diesem Salz Thymian wäre, würde es besser schmecken.‹ Da ging Salman hinaus, versetzte sein Waschbecken und tauschte dafür Thymian ein. Als wir gegessen hatten, sagte mein Freund: ›Lob sei Gott, der uns mit dem zufriedenstellt, was er uns schenkt.‹ Darauf sagte Salman: ›Wenn du zufrieden gewesen wärst, dann hätte ich noch mein Waschbecken.‹ Dies geschieht, wenn man nicht sicher ist, ob die Erfüllung eines Wunsches seinem Bruder schwer fallen oder ihm unangenehm sein wird. Doch wenn man bestimmt weiß, dass man ihn durch seinen Wunsch erfreut und er ihn leicht erfüllen kann, so ist ihm seine Äußerung nicht unwillkommen.«

Dass für al-Ghazzâlî Gastlichkeit nicht allein aus der Darreichung von Speise und Trank besteht, lässt sich mit den beiden folgenden Zitaten belegen: »Ein anderer tat den Ausspruch: ›Das Essen geschieht auf dreierlei Art: mit den Armen durch Bevorzugung derselben, mit den Brüdern durch gute Unterhaltung und mit den Herren der Welt durch Etikette.‹« Das andere Zitat lautet: »Ein Sûfî tat den Ausspruch: ›Wenn Arme zu euch kommen, so setzt ihnen etwas zu essen vor; kommen Rechtsgelehrte, so befragt sie in juristischen Angelegenheiten, und wenn Koranrezitatoren kommen, so weist sie auf den Mihrâb (Gebetsnische) hin.‹«

Zu den bei al-Ghazzâlî formulierten Verhaltensweisen, die unter Muslimen auch heute noch genau beachtet werden, gehören die Aufforderungen zum Essen. Der Gast sollte erst nach der dritten Einladung zum Essen zu den Speisen greifen, allerdings sollte der Gastgeber seinerseits auch nicht mehr als drei Mal zum Zugreifen nötigen. Bei al-Ghazzâlî heißt es so: »Aber man wiederhole das Wort ›Iss!‹ nicht mehr als drei Mal; denn das wäre eine Aufdringlichkeit und Übertreibung […] Vollends ist es aber verboten, den Betreffenden zu beschwören, dass er essen möge. Es sagte der al-Hasan ibn Alî (der Enkel des Propheten): »Das Essen ist zu geringwertig, als dass man durch Beschwörung dazu auffordert.« Auch an anderen Beispielen ließe sich die fortlaufende Wirksamkeit der Normierung der Gastlichkeit durch die mittelalterliche islamische Theologie aufzeigen.

Traditionelle Gastlichkeit der Gegenwartsmuslime

Viele der mittelalterlichen Berichte zur Thematik der Gastlichkeit in der islamischen Welt sind in den Überlieferungen nicht verloren gegangen und werden noch heute als Vorbild verstanden. Zufällige Gäste werden respektvoll empfangen, auch wenn sie unpassend kommen. In Regionen des Nahen Ostens, in denen die Traditionen weiterhin hochgehalten werden, kann es auch geschehen, dass Passanten spontan eingeladen werden. Sie werden als »Gäste Gottes« angesehen. Ihre Bewirtung versteht sich als eine religiös verdienstvolle Handlung. Zuerst wird bei Einladungen immer ein Getränk angeboten. Wasser, Tee oder Soft Drinks werden ohne Umstände bereitgestellt. Denn bei den oftmals hohen Temperaturen ist eine regelmäßige Aufnahme von Flüssigkeiten unabdingbar. Äußert der Gast den Wunsch nach einem Getränk das nicht im Haus ist, wird der Gastgeber dies rasch zu besorgen versuchen. Gerade in den heißen Jahreszeiten wird auch kein Gast, was die Getränke angeht, Zurückhaltung üben. Andere Regeln gelten hinsichtlich der angebotenen Speisen, angefangen bei Knabbereien und Obst bis zu fertig zubereiteten Gerichten. Hier ist es üblich, sich als Gast, wie bereits angeführt, zunächst zwei oder drei Mal bitten zu lassen und erst dann zuzugreifen.

In städtischen Wohnungen findet der Empfang eines oder mehrerer Gäste in einem Zimmer statt, das in den verschiedenen Sprachen als »Salon« bezeichnet wird. In der Regel befinden sich an den Wänden dieses Raums Sitzgelegenheiten wie niedrige Sessel, Polster und Hocker. Häufig wird zwischen je zwei Sitzplätzen ein ebenso niedriger Beistelltisch platziert. Auf diesen können Gläser oder Tassen, aber auch Schalen mit Nüssen, Pistazien oder Süßigkeiten abgestellt werden. Die häufig einfach gestrichenen Wände sind mit wenigen Fotos der Familie, einzelnen kaligraphischen Blättern oder mit Landschaftsdarstellungen geschmückt. Ein Fixpunkt dieses Raums ist ein TV-Gerät, das ununterbrochen läuft. Wenn es sich um den Haushalt einer Mittelklasse-Familie handelt, findet man häufig auch eine transportable Klima-Anlage. In vielen Wohnungen aber dreht sich an der

Decke ein Ventilator. Da zumindest in der heißen Jahreszeit die Fenster durch Läden verschlossen sind, herrscht immer ein leichtes Zwielicht. Der Fußboden besteht in der Regel aus Stein oder Kacheln. Teppiche sind selten. Die Auslegung mit Steinfliesen sorgt für Kühle und erleichtert die Säuberung. Die Fußböden werden nass gewischt. Die Verdunstung der Feuchtigkeit trägt zu einer Abkühlung der Wohnung bei.

Vor allem in traditionellen muslimischen Familien wird der männliche Gast die weiblichen Familienmitglieder kaum zu Gesicht bekommen. Es ist zudem unschicklich, sich nach ihnen zu erkundigen. Getränke und Zukost bringt entweder der Gastgeber selbst, eines der jüngeren Kinder oder, wenn vorhanden, ein Diener. Wird ein umfangreiches Essen serviert, wird dazu traditionell eine große Matte aus Leder in einem der Wohnräume ausgebreitet. Als Alternative wird eine große Metallplatte benutzt, die auf ein niedriges Eisengestell gelegt wird. Sie ist so schwer, dass sie mit dem Unterteil nicht weiter befestigt werden muss. Um diese Konstruktion herum werden die Gäste auf dem Boden platziert. Auf die Metallplatte werden dann alle Gerichte gleichzeitig gestellt, die im Küchenbereich zubereitet worden sind. Von diesen Speisen bedient man sich ausschließlich mit der rechten Hand. Die traditionelle Begründung für diese Vorschrift ist die Tradition, dass nur der Teufel mit der linken Hand isst. Entmythologisiert wird diese Regel, wenn man bedenkt, dass sich Muslime mit der linken Hand reinigen, nachdem sie ihre Notdurft verrichtet haben. Vor dem Essen waschen sich die Gäste grundsätzlich die Hände. Diese Handlung geschieht »bei Tisch«, wobei ein Diener oder der Hausherr selbst mit einer Wasserkanne, einem Becken und einem Handtuch von Gast zu Gast geht. Er gießt jedem Gast Wasser über die

Hände, das er mit der Schüssel auffängt. Ein Handtuch hält er über dem Arm, das der Gast dann nimmt und benutzt, ehe er es wieder zurücklegt. Zu den Speisen wird in der Regel Fladenbrot gereicht, von dem man etwas abreißt. Mit Hilfe eines Stücks, das man als Löffelersatz verwendet, kann man sich ebenfalls von den Speisen bedienen. Man isst dann Reis, Gemüse oder Fleisch zusammen mit dem Brot.

In Familien, die sich der Tradition weniger verpflichtet fühlen, findet man dagegen ein Speisezimmer mit einem Tisch und Stühlen in europäischem Stil. Dort steht dann vielleicht ein Buffet oder eine Vitrine mit Unterschrank für Teller, Gläser und Besteck. Wenn Gäste zum Abendessen eingeladen sind, nimmt auch die Hausfrau am Essen teil, zu dem vielleicht weitere Verwandte geladen werden. Die übrigen Mitglieder der oft zahlreichen Familie warten in anderen Zimmern auf das Ende der Mahlzeit. Zu den besonderen Erfahrungen, die man als westlicher Gast bei einem Essen in einer orientalischen Familie machen kann, gehört die schiere Menge an Speisen, die dem Gast vom Hausherrn auf den Teller gelegt werden und die auch von einem starken Esser nicht zu bewältigen sind. Es ist nicht üblich, dass man sich selbst bedient. Im Unterschied zur deutschen Tischkultur besteht bei muslimischen Gastgebern nicht die Erwartung, dass der Teller vollständig geleert wird. Vielmehr dokumentiert der Gastgeber mit seiner Großzügigkeit, dass er bereit und in der Lage ist, seine Gäste über alle Maßen zu bedienen. Wenn man genug von den Speisen zu sich genommen hat, hört man einfach auf zu essen und sollte sich auch durch dringendes Bitten nicht zum Weiteressen bewegen lassen. Wenn der Gast seine Mahlzeit beendet hat, legen auch alle anderen Anwesenden ihr Besteck beiseite.

Zu dem Spektrum der Regeln heutiger nahöstlicher Gastlichkeit in den großen Städten gehört der besondere Umgang
mit der zeitliche Spanne, in der Gäste zu einer Einladung
erscheinen können. Diese Art der Termingestaltung ist auch
unabhängig von der Anzahl der eingeladenen Gäste, gleichgültig ob es sich um eine kleinere Gesellschaft oder um einen
großen Empfang handelt. Zwar wird von den Gastgebern ein
bestimmter Zeitpunkt angegeben. Dieser ist jedoch als frü-
hester Termin zu verstehen. Verspätungen bis zu 90 Minuten
werden durchaus noch als pünktlich verstanden. Wie in
anderen Megalopolen der Welt muss immer damit gerechnet
werden, dass die Verkehrsmöglichkeiten durch unvorherge-
sehene Vorkommnisse erschwert werden. Es gilt als unhöflich vor dem angegebenen Zeitpunkt bei einer Einladung zu
erscheinen. Also wird eine eventuelle Verspätung nicht negativ bewertet. Die Zeit als variable Größe hat dazu geführt,
dass die ohnehin vorhandene Tradition eines Speiseplans mit
einem Angebot von zahlreichen warmen und kalten Vorspeisen sich noch ausgeweitet hat und Gerichte à la minute
kaum noch zubereitet werden. Diese Entwicklung lässt sich
auch an dem Verhältnis der Rezepte für Vorspeisen und
Canapés zu Hauptgerichten in Kochbüchern zur neuen arabischen Küche nachweisen. Dort stehen zum Beispiel 153
Rezepten für Vorspeisen und Zwischengerichten 25 aufwändige Hauptgerichte gegenüber.

Vor allem junge Männer, die nicht über einen eigenen
Hausstand verfügen, laden ihre Freunde und Kollegen zu
Fastfood-Gerichten wie Shawarma (der türkische Döner
Kebap) oder eine Art von Hamburger ein. Besonders beliebt
sind auch die frittierten Bällchen aus einem Kichererbsenteig
mit zahlreichen Gewürzen, Falafel. Man findet im Angebot

der zahlreichen Straßenhändler aber auch hart gekochte Eier und geputzte Gemüse, die man als Rohkost verzehrt. Inzwischen hat sich in zahlreichen großen Städten der islamischen Länder das Phänomen der Shopping-Malls verbreitet. In ihnen wurden neben vielen anderen Geschäften zahlreiche Fast-Food-Läden eingerichtet, die häufig zu bekannten großen Geschäftsketten gehören. Da die Malls in der Regel klimatisiert sind, locken sie in den Sommermonaten schon deshalb zahlreiche Konsumenten an, die der Hitze des Sommers hier entgehen wollen. Diese Personengruppe ist weniger an den eleganten Konfektions- oder Einrichtungsgeschäften der Malls interessiert. Vielmehr will man mit den Kindern eine schöne Zeit verbringen und in einem der Schnellimbisse eine preiswerte Kleinigkeit zu sich nehmen. Für Gruppen von jungen Männern oder auch jungen Frauen bieten die Malls eine gute Gelegenheit, sich zu sehen und unverbindliche Kontakte zu knüpfen. Die jungen Herren müssen natürlich die Damen in die Imbisse einladen. Der gemeinsame Verzehr eines kleinen Gerichts oder eines Soft Drinks bietet Gelegenheit, erste Gemeinsamkeiten festzustellen.

Wie kann man Flüchtlinge privat einladen?

Einladungen an Flüchtlinge hat es bisher vor allem von deutschen Institutionen und offiziellen Stellen gegeben. Die Gastgeber organisierten bei diesen Gelegenheiten festgelegte Programme, von denen die Gäste aus vielfältigen Gründen nicht selten überfordert waren. Empfehlenswert ist es, im Vorfeld der Vorbereitung zu solchen Veranstaltungen für die erforderlichen Aufgaben Personen mit Migrationshintergrund als Informanten hinzuzuziehen, die sich schon länger in Deutschland aufhalten. Sie sind mit den Traditionen der Zuwanderer vertraut und kennen die Praxis deutscher Lebensformen.

Bisher sind noch keine großen Erfahrungen mit Privateinladungen an Flüchtlinge bekannt. Auch bei einer längeren Bekanntschaft werden sie nur in Ausnahmefällen von sich aus deutsche Bekannte in ihren Wohnungen aufsuchen. Falls das geschieht, handelt es sich wahrscheinlich um einen Notfall oder um ein ernstzunehmendes anderes Problem. Eine Einladung muss ganz konkret ausgesprochen werden, wenn man diese besonderen Gäste bei sich begrüßen will. Bei Einladungen, die mit einem Essen verbunden sind, müssen natürlich die islamischen Speiseregeln beachtet werden. Man kann die Gäste zuvor fragen, was sie gerne essen oder was sie aus gesundheitlichen oder religiösen Gründen nicht essen. Häufig wird man jedoch darauf keine präzise Antwort erhalten. Am einfachsten ist es, wenn vor allem Gemüsegerichte und Fischgerichte angeboten werden. Auch bei der Auswahl der angebotenen Getränke sollte man es mit Wasser und Fruchtsäften bewenden lassen; eine Alternative ist Tee. Es ist aber zu empfehlen, auf jeden Fall zu erläutern, um welche Gerichte oder Getränke es sich handelt. Die Regel, dass der Gast erst zugreifen kann, wenn er dazu dreimal aufgefordert worden ist, sollte beachtet werden. Eine Alternative wäre es, wenn die Gastgeber ihren Gästen die verschiedenen Gerichte auf den Teller legen. Dabei kann durchaus gefragt werden, ob jemandem dieses oder jenes zusagt. Im Übrigen aber sollte man sich so verhalten, wie man es bei anderen Gästen auch tun würde. Die verbreitete orientalische Praxis des ständig laufenden Fernsehapparats muss indes freilich nicht nachgeahmt werden. Falls man aber die Möglichkeit hat, einen arabischen TV-Sender über Satellit zu empfangen, sind die Gäste vielleicht dankbar, wenn sie ein entsprechendes Programm nach dem Essen sehen können. Es gibt Berichte, dass die ausländischen Gäste fragen, ob sie bei den Vorbereitungen für das Essen mithelfen können. Nach verschiedenen Erfahrungen handelt es sich dabei meist um eine Höflichkeitsgeste. Ein Insistieren auf dem Hilfsangebot ist daher kaum festzustellen.

Bei Einladungen in Restaurants ist es für alle Beteiligten am einfachsten, wenn man ein türkisches oder arabisches Lokal aufsucht. So vermeidet man auch Schwierigkeiten, die sich daraus ergeben können, dass die Gäste nicht wissen, ob die deutschen Gerichte rituell rein sind. In der Regel finden sich auf den Speisekarten Gerichte, die den Gästen von Zuhause bekannt sind. Großer Beliebtheit erfreuen sich dabei dann die zahlreichen Vorspeisen, die in vielen kleinen Schalen serviert werden. Suppen finden dagegen weniger Anklang. Zuwanderer, die sich weniger konsequent an ihre religiösen Vorschriften halten, sind auch gerne in italienischen Restaurants zu Gast. Solche Restaurants sind in der Mehrzahl der Staaten mit muslimischer Bevölkerung bekannt und erfreuen sich allgemeiner Beliebtheit. Daher kennen sie auch die entsprechenden Gerichte und wissen, was ihnen schmeckt. In den italienischen Restaurants sollte man ihnen die Auswahl ihrer Speisen überlassen. Man muss sie jedoch auf Gerichte hinweisen, die ihnen nicht vertraut sind. Das gilt vor allem, wenn sie mit Alkohol zubereitet werden oder Zutaten vom Schwein enthalten.

Wichtig ist, dass man beim Besuch eines Restaurants darauf besteht, die Rechnung zu begleichen. Eine unvermeidliche Diskussion ist am leichtesten mit dem Argument zu beenden, dass man im Heimatland der Gäste ja von diesen bewirtet bzw. eingeladen würde. Auch hier gilt wieder: Die Geste ist wichtig.

Islamische Kleidung

Konflikte und Missverständnisse

Kaum eine Erscheinung im Zusammenhang mit muslimischer Alltagskultur führt so oft zu Konflikten oder ruft bei westlichen Beobachtern so viele Missverständnisse und Aggressionen hervor wie die der Kleidung. An erster Stelle sind solche Reaktionen gegenüber der Kleidung von Musliminnen festzustellen. Arbeits- und Sozialgerichte in den verschiedensten europäischen Staaten sind mit dieser Thematik schon befasst gewesen. Der Umstand, dass muslimische Mädchen mit dem Kopftuch in eine staatliche Schule kamen, hat in Frankreich zu einem allgemeinen Aufschrei des Entsetzens geführt, der sich bis zu Befürchtungen vom Ende des laizistischen Staates steigerte.

Kleidung erfüllt offenbar nicht nur den Zweck, Menschen gegen jede Art von Witterung zu schützen. Sie erfüllt eine Vielzahl weiterer Funktionen. Bis heute lässt sich an ihr die soziale Stellung des Trägers ablesen, die finanzielle Lage, die Ausübung eines bestimmten Berufs, eine regionale Herkunft oder auch die Religionszugehörigkeit. Diese allgemein gültigen Merkmale gelten auch für durch den Islam geprägte Gesellschaften.

Was sagt der Koran zur Kleidung?

Der Koran fordert an zahlreichen Stellen dazu auf, dass die Muslime ihre Blöße bedecken. So heißt es in Sure 7, 26 f.: »O ihr Kinder Adams, Wir haben euch Kleidung hinabgesandt, die eure Blöße bedeckt und auch Prunkgewänder. Aber die Kleidung der Gottesfurcht, die ist besser. Das gehört zu den Zeichen Gottes, auf dass sie sie bedenken./ O ihr Kinder Adams, der Satan soll euch bloß nicht verführen, wie er eure Eltern aus dem Paradies vertrieben hat, indem er ihnen die Kleidung wegnahm, um sie ihre Blöße sehen zu lassen […].« Neben solchen allgemeinen Angaben finden sich auch spezielle Aufforderungen wie in Sure 25,60: »Und für die Frauen unter euch, die sich zur Ruhe gesetzt haben und nicht mehr zu heiraten hoffen, ist es kein Vergehen, wenn sie ihre Kleider ablegen, ohne dass sie jedoch ihren Schmuck zur Schau stellen. Und besser für sie wäre, dass sie sich dessen enthalten. Und Gott hört und weiß alles.« Von besonderer Bedeutung ist Sure 24, 31: »Und sprich zu den gläubigen Frauen, sie sollen den Blick senken und die Scham bewahren, ihren Schmuck nicht offen zeigen mit Ausnahme dessen, was sonst sichtbar ist. Sie sollen ihren Schleier auf den Kleiderausschnitt schlagen und ihren Schmuck nicht offen zeigen, es sei denn, ihren Vätern, den Vätern ihrer Gatten, ihren Söhnen, den Söhnen ihrer Ehegatten, ihren Brüdern, den Söhnen ihrer Brüder und den Söhnen ihrer Schwestern, ihren Frauen, denen die ihre rechte Hand besitzt, den männlichen Gefolgsleuten, die keinen Trieb besitzen, den Kindern, die die Blöße der Frauen nicht beachten. Sie sollen die Füße nicht aneinander schlage, damit man gewahr wird, welchen Schmuck sie verborgen tragen. Bekehrt euch allemal zu Gott, ihr Gläubigen, auf dass es euch wohl ergehe« Die muslimischen Kommentatoren des Korans sind an dieser Stelle unterschiedlicher Meinung, was das Wort »Schmuck« bedeutet. Einerseits ist man der Meinung, dass es sich tatsächlich um Schmuckstücke wie Arm- und Fußreifen handelt. Andererseits interpretiert man die Stelle dahingehend, dass die Körperteile, die als Schmuck des weiblichen Körpers verstanden werden, gemeint sind. Ebenso wichtig für die Kleidung von Frauen sind die Feststellungen in Sure 33, 59: »O Prophet, sage deinen Gattinnen und deinen Töchtern und den Frauen der Gläubigen, sie sollen etwas von ihrem Überwurf [arabisch: Jilbâb] über sich herunterziehen. Das bewirkt eher, dass sie erkannt werden und dass sie nicht belästigt werden. Und Gott ist voller Vergebung und barmherzig.« In Bezug auf diese Stelle ist bei der Interpretation des Verses das Wort »Jilbâb« von Interesse. Die größere Zahl der Korangelehrten meint, dass es sich bei diesem Kleidungsstück um einen mantelartigen Überwurf gehandelt habe, der auch zur Verschleierung des Gesichts verwendet wurde. Aus dem Text geht zugleich hervor, dass es sich bei dem Jilbâb auch um ein soziales Kennzeichen handelte. Es war ein Hinweis auf die Ehrbarkeit der Trägerinnen dieses Kleidungsstücks. Besonders strikt sind die Formulierungen in Sure 33, 33: »Haltet euch in euren Häusern auf. Und stellt nicht euren Schmuck zur Schau wie in der Zeit der früheren Unwissenheit. Verrichtet das Gebet, und entrichtet die Abgaben und gehorcht Gott und seinem Gesandten. Gott will die Unreinheit von euch entfernen, ihr Leute des Hauses, und will euch völlig rein machen.« Mit den Leuten des Hauses ist in diesem Vers die Familie des Propheten Muhammad gemeint. Eine vergleichbare Aufforderung an andere muslimische Frauen findet sich im Koran nicht. Je mehr aber das Vorbild des Propheten zu einer Richtschnur für die Lebensgestaltung der Muslime wurde, umso mehr wurden auch seine Frauen zu Vorbildern aller Musliminnen.

Die Prophetentraditionen zur Kleidung der Musliminnen und Muslime

Der Prophet gab einige grundsätzliche Hinweise zur Kleidung: »Ich kam zum Propheten in einem schlechten Kleid. Er sagte: ›Hast du Vermögen?‹ Ich sagte: ›Ja!‹ Er sagte: ›Vermögen welcher Art?‹ Ich sagte: ›Kamele, Schafe, Pferde, Sklaven.‹ Er sagte: ›Gott hat dir Vermögen zukommen lassen. Man soll doch an dir die Spuren der Gnade Gottes zu dir und seine Großzügigkeit sehen können.‹« Ein anderer Bericht sagt folgendes: »Der Prophet kam zu uns. Er sah einen Mann mit ungepflegtem Haar. Da sagte er: ›Hat dieser da nichts gefunden, womit er sein Haar hätte glatt werden lassen?‹ Und er sah einen anderen Mann, der schmutzige Kleider anhatte. Da sagte er: ›Hat dieser da nichts gefunden, womit er sein Kleid hätte waschen können?‹« Ferner finden sich Hinweise darauf, welche Stoffe Muslime nicht tragen sollten: Kostbare Stoffe aus Seide und Brokat verbot er. Es gab jedoch auch Ausnahmen: »Der Prophet verbot es, Seide zu tragen, es sei denn zwei oder drei oder vier Finger breit.« In einer andere Überlieferung heißt es ähnlich: »Der Prophet hat ja das Kleid aus reiner Seide verboten. Aber gegen die Stickerei und die breiten Fäden aus Seide bestehen keine Bedenken.« Auch aus medizinischen Gründen waren Kleidungsstücke aus Seide erlaubt: »Der Prophet erlaubte Abdarrahmân ibn Auf und al-

Zubay ibn Awwâm, Seide zu tragen, wegen der Krätze, die sie hatten.« Nach den Traditionen ist Seide aber nur muslimischen Männern verboten.

Aussagen des Propheten Muhammad oder seiner Frauen über Frauen sind selten und nicht ohne Humor. So berichtet die Prophetengattin Umm Salama: »Als der Vers herab kam: ›[…] sie sollen etwas von ihrem Überwurf über sich herunterziehen‹, gingen die Frauen der Anhänger des Propheten hinaus, als hätten sie vor lauter Tüchern Raben auf dem Kopf.‹« Ähnliches hört man von Muhammads Lieblingsfrau, Aischa: »Gott erbarme sich der ersten Frauen der Auswanderer! Als der Vers herabgesandt wurde: ›Sie sollen ihren Schleier auf ihren Kleiderausschnitt schlagen‹, haben sie den Saum ihrer Kleider herausgerissen und haben sich damit verschleiert.« Aischa berichtete ferner: »Asmâ', die Tochter von Abû Bakr, trat beim Propheten ein. Sie hatte dünne Kleider an. Da wandte er sich von ihr ab. Und er sagte: ›O Asmâ', wenn eine Frau das Menstruationsalter erreicht hat, passt es nicht, wenn man von ihr mehr als dies und das sieht.‹ Dabei wies er auf sein Gesicht und seine Hände hin.« Zwar hat auch die gegenwärtige islamische Kleidungspraxis ihre eigene Kulturgeschichte; doch ist diese Entwicklung für die Praxis und für das Selbstverständnis der Muslime nur von geringer Bedeutung. Relativ unkompliziert stellt sich die Situation im Hinblick auf die Männerkleidung dar. Alle religiösen Autoritäten des Islams stimmen darin überein, dass ein Muslim den Teil seines Körpers bedecken muss, der mit dem arabischen Begriff Aurah bezeichnet wird. Dieser Begriff bezeichnet alles, was als beschämend, ungesund oder indezent bezeichnet werden kann. In Bezug auf den männlichen Körper bezieht sich der Begriff nach der Meinung eines Teils der religiösen Autoritäten auf den Bereich zwischen der Taille und den Knien. Die Mehrheit der Gelehrten versteht darunter jedoch nur die männlichen Genitalien und das Gesäß. Wie diese Teile des Körpers bedeckt werden müssen, ist nicht unumstritten. Denn es gibt auch Positionen in der muslimischen Gelehrtenschaft, nach denen es nicht gestattet ist, dass Muslime Kleidungsstücke tragen, die als typische Kleidung von Ungläubigen bekannt waren.

Veränderungen der männlichen Kleidung in der Neuzeit

Die Praxis der männlichen Bekleidung war relativ stark von den jeweiligen nationalen oder regionalen Traditionen abhängig. In der arabischen Welt bevorzugten Männer, nicht ohne einen Bezug auf die Praxis des Propheten Muhammad lange Gewänder, die bis zu den Knöcheln reichten, eine Form der Kleidung, die sich auf dem Land und in den Volksvierteln der großen Städte bis heute gehalten hat. In von Türken geprägten Regionen waren dagegen Hosen ein übliches Kleidungsstück der Männer. Dazu wurden kurze Hemden getragen, eventuell noch Jacken und Westen. Veränderungen ergaben sich im 19. Jahrhundert vor allem im militärischen Bereich. Osmanisches Militär war Hosen gewohnt. Die Veränderungen im Schnitt wurden ohne großen Widerstand akzeptiert. Anders verhielt es sich in der arabischen Welt. Als in Tunesien, formal noch ein Teil des Osmanischen Reichs, für das Militär Hosen als obligatorische Beinbekleidung eingeführt wurden, war das den einfachen Soldaten so peinlich, das sie nach Dienstschluss über die Hose ihr traditionelles langes Gewand anzogen und die Hosenbeine umschlugen, damit sie nicht gesehen wurden. Als der iranische Herrscher Reza Schah (1878–1944) die Studenten in den theologischen Schulen zwang, Hosen zu tragen, zeigten sie vergleichbare Empfindungen. Einer von ihnen erläuterte seinem deutschen Publikum: »Das war für uns so, als ob sie hier alle in Unterhosen sitzen müssten.« Von besonderer Bedeutung aber war die Frage der Kopfbedeckung. Muslimische Männer trugen überall in der islamischen Welt nach dem Vorbild des Propheten Muhammad als Kopfbedeckung einen Turban. Die Formen dieses Kleidungsstücks unterschieden sich von Land zu Land. Teilweise deutete seine Form, Farbe und Größe auf die gesellschaftliche, politische oder religiöse Position des Trägers hin. Veränderungen hin zu einem für alle verbindlichen Kleidungsstück bedeuteten zugleich den Verlust von Kennzeichen, an denen sich der Status einer Person ohne Schwierigkeiten ablesen ließ. Solche Entwicklungen konnten die überraschendsten Folgen mit sich bringen. Als der osmanische Sultan Mahmud II. (1785–1839) eine Modernisierung seiner Armee begann, befahl er auch die Einführung der Schirmmütze, durch die der Blick der Soldaten gegen die Sonne geschützt werden sollte. Durch den Schirm der Mütze wurden die muslimischen Soldaten aber an der korrekten Durchführung des Gebets gehindert. Daher wurde der Schirm dann entfernt. Dies war die Geburtsstunde des Fes. Diese Kopfbedeckung war in Nordafrika weit verbreitet und wurde nach Istanbul exportiert. Immerhin sollten verschiedenfarbige Quasten auf die entsprechende Bedeutung des Trägers hinweisen. Unter der Herrschaft des Gründers der modernen Türkei, Mustafa Kemal Atatürk wurde der Fes als eines der Zeichen der Rückständigkeit und Kritik an seiner

Modernisierungspolitik verboten. Männer mussten nun westliche Hüte mit einer Krempe tragen. Diese Form der Kopfbedeckung behinderte wiederum die muslimischen Türken beim Vollzug des Gebets. Fromme Türken wechselten daher auf Schirmmützen über, die sie leicht zur Seite schieben konnten. Auf diese Weise konnten die Frommen, indem sie die Mütze beim Gebet auf die rechte Kopfseite rückten, wie vorgeschrieben den Boden mit der Stirn berühren. Nach der Revolution der »Freien Offiziere« von 1952 wurde in Ägypten der bis dahin übliche Fes ebenfalls verboten.

Was die übrigen Kleidungsstücke der Männer angeht, kann man keine einheitliche Entwicklung feststellen. In Marokko behielten viele Männer den Kaftan bei. Darunter tragen sie entweder ein langes Gewand oder Hosen und Jackett mit Hemd. In Ägypten hat sich in den Städten der europäische Anzug mit Weste durchgesetzt. Auf dem Land wird weiterhin das lange Gewand (Gallabeya) getragen. Mit diesem traditionellen Kleidungsstück durften Männer vor dem Zweiten Weltkrieg allerdings nicht in die modernen Teile Kairos kommen. Unter Präsident Sadat (1918–1981) gab es eine gewisse Rückkehr der Gallabeya, weil dieser sich gerne in diesem Kleidungsstück zeigte, um seine Verbundenheit mit der ländlichen Bevölkerung zu verdeutlichen.

Veränderungen bei der Kleidung der Frauen

Auch in Bezug auf die Kleidung der Frauen in der islamischen Welt gibt es zahlreiche Unterschiede nach nationalen, regionalen, aber auch sozialen und selbstverständlichen religiösen Voraussetzungen. Bis in das 19. Jahrhundert hinein erschienen städtische muslimische Frauen kaum in der Öffentlichkeit. Falls sie doch einmal das Haus verlassen mussten, waren sie in große Tücher gehüllt und trugen weiße Gesichtsschleier. Auf dem Land, wo die Frauen auf den Feldern arbeiten mussten, wäre eine solche Bekleidung hinderlich gewesen. Dort trugen sie bei ihren schweren Tätigkeiten lange Gewänder oder Röcke, die sie etwas aufschürzen konnten. Als Kopfbedeckung verwendeten sie Kopftücher, deren Zipfel sie eventuell vor das Gesicht ziehen konnten, wenn sich ihnen Fremde näherten. Wenn Frauen auf dem Land städtische Kleidung anlegten, galt das als ein Zeichen des sozialen Aufstiegs.

Durch die Veränderung der sozialen und wirtschaftlichen Gegebenheiten wurde es seit dem Beginn des 20. Jahrhunderts erforderlich, dass sich Frauen häufiger oder regelmäßig in der Öffentlichkeit bewegen mussten. Eine Begleitung von männlichen Familienmitgliedern konnte nicht regelmäßig zur Verfügung gestellt werden. Die Kleidung, in der sie dann in der Öffentlichkeit erschienen, wies zahlreiche Unterscheidungen zwischen den verschiedenen islamischen Ländern auf. In Marokko, wo es in den Städten keine Tradition von öffentlicher Kleidung für Frauen gab, übernahmen sie die Kaftane, wie sie die Männer trugen. Diese Mäntel werden von ihnen heute auch über moderner Kleidung getragen. Manche tragen dazu Kopftücher, andere eine typische Haube, deren Seiten das Gesicht bedecken und nur die Augen freilassen. Marokkanerinnen sind stolz auf ihre traditionelle Kleidung, vor allem den Kaftan. Die langen Gewänder, die sie über der übrigen Kleidung tragen, werden von ihnen als ausgesprochen praktisch für den Alltag angesehen.

In Algerien tragen Frauen in der Öffentlichkeit westliche

Kleidung, dazu aber ein Kopftuch und einen leichten Schleier, der Mund und Nase bedeckt. Im Irak und Syrien pflegen fromme Musliminnen über ihrer Kleidung in der Öffentlichkeit eine Abbâya, ein aus einem Stück Stoff hergestelltes weites Obergewand anzulegen. Es wird über den Kopf gelegt und bedeckt den ganzen Körper. Das Gesicht bleibt frei und mit einigem Geschick gelingt es den Frauen, auch mit beiden Händen zu agieren, Einkäufe zu transportieren, ein Kind an der Hand zu halten, oder eins auf einem Arm zu tragen. Auf der Arabischen Halbinsel tragen moderne jungen Frauen in der Öffentlichkeit ebenfalls die Abbâya. Diese kann vorne durch Knöpfe, Reißverschluss oder Klammern verschlossen werden. Im Iran müssen Frauen seit der Islamischen Revolution in der Öffentlichkeit lange Mäntel und ein Kopftuch tragen. Inzwischen ist es jedoch zu Erleichterungen gekommen. Die Mäntel sind kürzer und die Kopftücher rutschen immer weiter nach hinten.

Neuzeitliche Versuche, Kopftuch oder Schleier abzuschaffen

Seit dem Beginn des 20. Jahrhunderts gab es zunächst vor allem in Ägypten, aber auch in Syrien und im Irak Bemühungen, Kopftuch oder Schleier abzuschaffen. Es waren in den 1920er Jahren vor allem Ägypterinnen, die sich dem Beispiel der britischen Suffragetten anschlossen. Sie wurden in der Folge zu Vorbildern von Frauenbewegungen in anderen Teilen der arabischen Welt. Die Bewegung verstärkte sich in den 1960er Jahren und bekam eine dezidiert ideologische Tendenz. Es bestanden vor allem gesellschaftliche Unterschiede.

So schreibt ein irakischer Autor im Jahr 1969: »Der Schleier ist eine Praxis der feudalen Kreise und der aristokratischen Klasse. Die verschleierten Frauen bei uns stammen aus den Trümmern dieser feudalen und aus vergleichbaren Kreisen. Die Mädchen aus dem echten Volk sind dagegen nicht verschleiert und können auch nicht verschleiert sein. In der Klasse des Volkes gibt es keinen Harem und keinen Schleier. Damit wird Schluss sein, wenn die Volksklasse die Herrschaft übernimmt und das Land regiert, wie es schon in Ägypten und in der Türkei der Fall ist.«

Gegen derartige Positionen bezogen konservative und islamistische Rechtsgelehrte Stellung, wobei sich deren Positionen im Laufe der Jahre deutlich verschärften. Noch zu Ende der 1970er Jahre erregten sich Vertreter der bedeutendsten sunnitischen Hochschule, der al-Azhar-Universität in Kairo darüber, dass manche Kollegen verlangten, dass junge Mädchen nicht nur das Gesicht bedecken, sondern auch noch Handschuhe anziehen sollten. Zehn Jahre später meinte ein islamistischer Rechtsgelehrter: »Moral und Benehmen der muslimischen Frau unterscheiden sich deutlich von denen der nichtmuslimischen Frauen oder der Frauen der vorislamischen Zeit. Die muslimische Frau ist keusch, würdevoll und besitzt Selbstachtung und Schamgefühl. Andererseits ist die Frau, die von der göttlichen Rechtleitung nichts weiß, eingebildet und oft begierig, ihre Attraktivität zur Schau zu stellen. Diese Zurschaustellung umfasst Entblößung attraktiver Körperteile, auf herausfordernde Weise zu gehen und zu sprechen, den Schmuck zu zeigen, entblößende und sexuell aufreizende Kleidung zu tragen.«

In welchen Situationen müssen Frauen ein Kopftuch tragen? Es gibt einige Gelegenheiten, bei denen Frauen, die sonst kein Kopftuch tragen, ihre Haare mit einem Tuch bedecken müssen. Das ist der Fall, wenn sie eine Moschee betreten und wenn sie zu Hause das Pflichtgebet verrichten. Sie sollten das Kopftuch auch anlegen, wenn sie im Koran lesen. Üblich ist die Kopfbedeckung auch bei einem Friedhofsbesuch. Wenn im Fastenmonat Ramadan besondere gemeinsame Rituale durchgeführt werden, legen Frauen ebenfalls das Kopftuch an. Gleiches gilt auch für Kondolenzbesuche. Für schiitische Frauen ist es Pflicht, das Kopftuch während der großen Trauerfeierlichkeiten in den ersten zehn Tagen des Monats Muharram zu tragen, wenn die Schiiten ihrer großen Märtyrer gedenken.

Die Kleiderordnung von Frauen in islamischen Ländern heute

Es gibt keine einheitlichen verbindlichen Formen der Kleidung. Für Frauen der nordafrikanischen, ägyptischen, libanesischen oder syrischen Oberschicht war oder ist es selbstverständlich, ein- oder zweimal im Jahr nach Paris, London oder New York zu reisen, um sich dort über die neuesten Entwicklungen im Bereich der internationalen Mode zu informieren und ihren Kleiderschrank entsprechend auszustaffieren. Ein gleiches Verhalten gilt inzwischen auch für Damen der Oberklasse von der Arabischen Halbinsel. Sie legen bei ihren Shoppingausflügen besonderen Wert auf die international bekannten Modehäuser und ihre Produktlinien. Inzwischen haben sich, was die Reiseziele betrifft, neue Entwicklungen ergeben. Nun reisen viele der wohlhabenden Frauen aus nahöstlichen Regionen nicht nur nach Westeuropa, sondern auch in die asiatisch/pazifischen Regionen, um sich dort mit der neuesten Mode einzudecken. Die Kundinnen nehmen dabei die unterschiedlichsten Angebote zur Kenntnis und erwerben Kleider verschiedener Stilformen. Dabei geht es wohl nur um die Reise an sich. Denn inzwischen haben die bedeutenden internationalen Modehäuser in Saudi-Arabien wie in den Emiraten ihre eigenen Niederlassungen, in denen die Käuferinnen ebenso kompetent bedient werden wie in den Mutterhäusern im Westen. In Nordafrika und Ägypten findet man jungen Frauen, die ein Kopftuch tragen, zugleich aber mit engen Jeans herumlaufen. Manche tragen vielfarbige Röcke oder Hosen und Jacketts und haben dazu ein Kopftuch umgebunden. Andere verzichten dagegen auf ein Kopftuch und richten sich nach der neuesten westlichen Jugendmode.

Deutsche Modetrends für die Kleidung von Musliminnen

Da die in Deutschland lebenden Musliminnen aus verschiedenen Regionen der islamischen Welt gekommen sind, haben sie auch unterschiedliche Stilmuster von Kleidung mitgebracht. Die Mehrheit der Frauen stammte aus den ländlichen Gebieten der Türkei und behielt ihren Kleidungsstil bei. Teilweise kleideten sie sich in weit geschnittene Hosen, über denen sie noch einen Rock trugen. Dazu kamen weit geschnittene und hochgeschlossene Oberteile mit langen Ärmeln. Zu dem Gesamtbild gehörten Kopftücher, die eng um den Kopf gebunden waren. Türkische Frauen aus der Westtürkei und vor allem solche mit einem höheren Bildungsabschluss trugen in den 1960er und 1970er Jahren europäische Kleidung, die häufig der deutscher Frauen entsprach.

In der zweiten Generation der Deutschtürkinnen, vor allem aber in der dritten Generation lassen sich zahlreiche Veränderungen wahrnehmen. Die jungen Frauen legen weiterhin großen Wert auf ihre Kleidung. Viele ergänzen die Kleidung durch das Tragen eines Kopftuchs. Dieses Kleidungsstück signalisiert, dass sie sich als Muslimin definieren. Diese Kopftücher wirken aber gleichzeitig als modische Accessoires. Die Trägerinnen achten auf deren Designs und Formen. Sie tragen dazu auch eine Kleidung, die frommen Muslimen nicht unbedingt gefallen mag. Oft legen sie Wert auf Schuhe mit höheren Absätzen oder enge Hosen. Die jungen Frauen kombinieren auf diese Weise ihre eigene traditionelle Kleidung mit den deutschen Modetrends.

Modische Tendenzen für fromme Musliminnen

In den vergangenen Jahrzehnten haben sich Tendenzen zu einem einheitlichen Kleidungsstil von frommen Musliminnen entwickelt. Die Kleidung besteht aus einem weit geschnittenen über die Knöchel reichenden Rock und einem ebenfalls weit geschnittenen Oberteil mit weit geschnittenen Ärmeln, die durch Bündchen an den Handgelenken geschlossen werden. Dazu kommt ein Kopftuch, das über die Schultern reicht. Damit es nicht verrutscht, gibt es darunter ein weiteres Tuch, das fest um den Kopf gewickelt wird, oder eine Kappe. An dieser wird das Tuch durch Stecknadeln festgesteckt. Diese Kleidung wird in Deutschland in speziellen

Geschäften für islamische Kleidung verkauft, aber auch im Internet auf entsprechenden Seiten angeboten.

Seit etwa 20 Jahren haben neben den europäischen auch muslimische Designerinnen und Designer Kleidung entwickelt, die modern und elegant ist, zugleich aber den Regeln des Islams entspricht. Diese Kleider sind, wie das islamische Recht es vorschreibt, weit geschnitten, reichen der Länge nach über die Knöchel und bedecken auch Kopf, Hals und Nacken. Die Besonderheit dieser Kleider beruht auf den verwendeten Stoffen und den Dessins. Inzwischen haben auch europäische Konfektionsfirmen wie Dolce & Gabbana eine muslimisch inspirierte Luxus-Linie aufgelegt. Sie wurde »Hijab-Kollektion« genannt. Tommy Hilfiger bietet eine Linie mit dem Titel »Ramadan-Kollektion« an, die vornehmlich im Fastenmonat in die Konfektionsgeschäfte kommt. Das ist bekanntlich die Zeit, in der muslimische Familien traditionell neu eingekleidet werden.

Regeln für das Schuhwerk

Das Schuhwerk, das der Prophet Muhammad und seine Zeitgenossen trugen, waren Sandalen, die eine Ledersohle hatten und häufig mit Palmenstricken am Fuß festgemacht wurden. Der Prophet hatte den Gläubigen aber auch erlaubt, geschlossene Schuhe zu tragen. Bis in die Neuzeit hinein gab es keine speziellen Debatten um das Thema des Schuhwerks. Mit dem Import von westlichen Schuhtypen kam es aber zu Veränderungen. In den Auseinandersetzungen zwischen den Rechtsgelehrten spielte vor allem eine Rolle, ob Schuhe mit Absätzen erlaubt seien. Die muslimischen Gelehrten kamen rasch zu der Auffassung, dass Schuhe mit sehr hohen Absätzen bei Frauen nicht akzeptabel seien, weil sie dadurch das Interesse der Männer erregen würden, auch wenn sie sich ansonsten den Regeln des Islams entsprechend traditionell kleideten. Gegen Schuhe mit gemäßigten Absätzen erhoben sie keine Einsprüche, weil sie das Gehen erleichterten. In einer Zeit, in der Plateau-Schuhe beliebt waren, konnte man in großen Städten modische junge Musliminnen sehen, die diese Form von Schuhwerk trugen, zugleich ihre Haare aber mit einem eleganten Kopftuch bedeckt hatten. Ob sich diese jungen Frauen wirklich an die Vorgaben des islamischen Rechts halten wollten, mag dahingestellt bleiben. Das Problem der muslimischen Rechtsgelehrten war und ist, dass die entsprechenden Rechtsgutachten von ihnen nach längeren Disputen erst dann vorgelegt werden können, wenn sich die entsprechende Schuhmode schon wieder verändert hat.

Männer, die nicht so groß gewachsen sind wie der Durchschnitt, legen oft auch Wert darauf, mit Hilfe etwas höherer Absätze größer zu erscheinen. Dazu findet sich bei den muslimischen Gelehrten eine eindeutige Position. Solche Schuhe sind ihrer Ansicht nach abzulehnen, weil sie eine Kritik an der göttlichen Schöpfung darstellen könnten. Nach muslimischer Überzeugung ist die göttliche Schöpferkraft an der Zeugung und Geburt jedes Menschen direkt beteiligt. Wenn ein Mann also meint, dass er nicht groß genug gewachsen ist, könnte das eine solche Kritik darstellen. Allerdings führen die Gelehrten noch eine Ausnahme von diesem Verbot an. Ein Mann könne dann Schuhe mit höheren Absätzen tragen, wenn sein geringerer Wuchs für ihre eine schwere psychische Belastung darstellt, die krankheitsmäßige Züge annimmt.

Islamische Stellungnahmen zu Make-up, Parfüm und anderen Schönheitsmitteln

Schon zur Zeit des Propheten stellten seine Gefolgsleute Fragen nach Schminke, Parfüm und anderen Schönheitsmitteln. So heißt es dazu in einer der Traditionen: »Gott verflucht die, die tätowieren und die sich tätowieren lassen, und die Gesichtshaare auszupfen und die sie auszupfen lassen, die Zähne feilen aus Sucht nach Schönheit, die die Schönheit der Schöpfung Gottes verändern.« Diese Verbote betreffen also Eingriffe in das göttliche Schöpfungswerk. Offenbar sah der Prophet in anderen Veränderungen keinen Grund, sie zu verbieten. So wird berichtet: »Wir kamen zum Propheten, ich und mein Vater. Er hatte seinen Bart mit Henna benetzt.« Dagegen wird allerdings von seiner Frau Aischa überliefert: »Sie wurde nach der Färbung mit Henna gefragt. Sie sagte: ›Es gibt keine Bedenken. Aber es ist mir zuwider. Denn mein Liebster mochte den Geruch nicht.‹«

In der Praxis benutzen heute ältere, besonders fromme Männer Henna, um ihren Bart rot zu färben. Frauen verwenden Henna dagegen, um ihr Haare zu färben, vor allem aber um an ihren Händen verschiedene Verzierungen anzubringen. Das ist vor allem bei Festen wie Hochzeiten der Fall. Die Muster der Verzierungen werden von Generation zu Generation weitertradiert. Spezialistinnen führen die Schmückung der Hände durch, wobei sie auch mit Schablonen arbeiten. Inzwischen können entsprechende Vorlagen auch gekauft werden. Unter in Deutschland lebenden Musliminnen ist die Praxis der Verzierung der Hände selten.

Zur Akzeptanz von Parfüm finden sich in den Prophetentraditionen einige Unterschiede. So heißt es einerseits: »Der

Gesandte Gottes sagte: ›Wenn einem Parfüm angeboten wird, der soll es nicht zurückweisen. Es duftet gut und ist leicht zu tragen.‹« Nach einer weiteren Tradition besaß der Prophet einen Duftbehälter, aus dem er sich parfümierte. Und einer der Zeitgenossen des Propheten berichtete: »Ich pflegte den Propheten bei seinem Eintritt in den Weihezustand [bei der Pilgerfahrt] mit dem Besten, was ich finden konnte, zu parfümieren.« Was aber den Gebrauch von Parfüm durch Frauen angeht, sagte der Prophet: »Wenn eine Frau Duft benutzt und an den Leuten vorbeigeht, damit sie ihren Duft vernehmen, dann ist sie das und jenes' [gemeint ist eine Ehebrecherin].« Auch zum Thema des Rasierens und des Haareschneidens hat sich der Prophet Muhammad mehrfach geäußert. »Der Prophet sagte: Diese Dinge gehören zum rechten, natürlichen Benehmen: Den Schnurrbart scheren, den Bart wachsen lassen, die Fingernägel schneiden, die Achselhöhlen zupfen, die Schamteile rasieren. Wir sollten dabei nicht länger als 40 Tage verstreichen lassen.« Vom Propheten selbst wird berichtet, dass sein Haar bis zu den Ohrläppchen oder bis zu den Schultern reichte.

Bei den mittelalterlichen Parfüms handelte es sich um Öle, die aus Veilchen, Lilien, Nelken und manchen anderen Pflanzen hergestellt wurden. Das Öl diente vor allem zur Haltbarmachung der Duftstoffe. In den Diskussionen um die heute üblichen Parfüms sind sich die muslimischen Gelehrten nicht einig. Als zentrales Problem steht dabei zur Debatte, dass für die Stabilisierung der Düfte inzwischen vor allem Alkohol verwendet wird. Ein Teil der Gelehrten meint, dass das Parfüm bei einem Gehalt von 5 Prozent Alkohol ohne Bedenken verwendet werden kann. Andere sind eher skeptisch, lehnen den Gebrauch dieser Parfüms aber auch nicht radikal ab. Ähnlich verlaufen die Diskussionen auch im Zusammenhang mit der Verwendung von Haargel, Zahnpasta und anderen Toilettenartikeln. Man erhält von den Gelehrten hier keine eindeutigen und übereinstimmenden Antworten. Sie gehen aber von der grundsätzlichen Überlegung aus, dass der Prophet seine Anhänger aufgefordert hat, auf ein sauberes und gepflegtes Äußeres zu achten. Das gilt vor allem für Moscheebesuche und Festtage.

Die Haltung des Islams zum Schminken

Gegen das traditionelle Schminken mit Henna erheben die Gelehrten keinen Einspruch. Zur Benutzung von al-Kohl, dem traditionellen Augen-Make-up lassen sich keine eindeutigen Aussagen finden. Al-Kohl ist ein feines Antimon-Pulver, das schon in vorislamischer Zeit als Eye-Liner benutzt wurde und heute noch vor allem im Osten der arabischen Welt, im Iran, in Afghanistan, Pakistan und Indien in Gebrauch ist. Es ist ein Schönheitsmittel, das von Frauen verwendet und kleinen Mädchen um die Augen gestrichen wird, weil es zu deren Schönheit beitragen soll. Es ist ein traditionelles Schminkmittel der Frauen, es wird aber auch von Männern verwendet. Gegen die Verwendung von traditionellen oder modernen Schminkmitteln durch Männer richtet sich das islamische Recht eindeutig. Die Gelehrten können sich dafür auf eine Überlieferung des Propheten Muhammad beziehen. Sie lautet: »Der Prophet verfluchte diejenigen von den Männern, die wie Frauen aussehen und diejenigen von den Frauen, die wie Männer aussehen. Und der sagte: ›Schickt sie aus euren Häusern weg.‹« Neuere

Untersuchungen haben ergeben, dass viele der heute noch angebotenen Kohl-Produkte einen hohen Bleianteil haben. Daher können gesundheitliche Schäden nicht ausgeschlossen werden.

Es gibt lebhafte Debatten, um die Frage, ob muslimische Frauen moderne Schminktechniken anwenden dürfen. Wie bei den Parfüms meinen die Rechtsgelehrten, dass ein Make-up auf Männer, mit denen die Frauen nicht verheiratet und nicht verwandt sind, verführerisch wirkt. Dagegen, dass sie sich für ihre Ehemänner hübsch machen, werden von ihnen keine Einwände erhoben. Dennoch gibt es aus der Sicht der Rechtsgelehrten einige mit dem modernen Make-up zusammenhängende Fragen. Nagellack und einige Arten von Schminke sind wasserfest. Wenn eine Frau ihrer Glaubenspflicht des Gebets nachgehen will, muss sie durch Waschungen ihre rituelle Reinheit herstellen. Dazu müssen die entsprechenden Körperteile wie Gesicht und Hände mit Wasser benetzt werden. Dazu gehören auch die Nägel der Hände. Durch Nagellack werden die Nägel aber sozusagen versiegelt. Die Waschung vor dem Gebet wäre also nicht vollständig und daher, wie auch das folgende Gebet, ungültig. Eine Frau müsste also vor dem Gebet den Nagellack entfernen und kann ihn später wieder auftragen. Die gleiche Problematik ergibt sich auch bei der Bewertung von wasserfester Schminke. Diskussionen ergeben sich ferner im Zusammenhang mit dem Gebrauch von Lippenstift. Die Mehrzahl der Gelehrten erhebt keine Einwände dagegen, wenn es dadurch nicht zur Austrocknung der Lippen kommt. In diesem Fall würde der Körper geschädigt. Der Gebrauch wäre in dem Fall abzulehnen. Ein Problem sehen die Gelehrten während des Fastenmonats Ramadan. Sie fürchten, dass Frauen während dieser Zeit etwas von der Schminke unbewusst zu sich nehmen und dadurch das Fasten brechen. Sie empfehlen daher, sich in dieser Zeit die Lippen nicht zu schminken. Ähnliche Befürchtungen gibt es auch ganz allgemein für das Zähneputzen. Die Zahnreinigung und die Verwendung von Makeup sind nach Sonnenuntergang natürlich möglich.

Die Bedeutung des Grußverhaltens

Soziale Etikette und göttliche Ordnung

Der soziale Umgang in muslimischen Gesellschaften ist von festen Formen geprägt. Die zahlreichen Begrüßungsformeln, die Muslime untereinander austauschen, sind wiederum von einer Vielzahl von kulturellen Faktoren abhängig. In der islamischen Welt ist der Umgang der Menschen miteinander jedenfalls durch Formen einer außerordentlich großen Höflichkeit gekennzeichnet. Die mit diesen Formen verbundenen Regeln werden nicht infrage gestellt. Daher besteht ein strenger, stark formalisierter Gebrauch auch in alltäglichen, sich oft wiederholenden Situationen. Diese formale Höflichkeit ist unabhängig von einem eventuellen sozialen Status der Gesprächspartner. Wenn ein wohlhabender Mann sich einem ärmeren gegenüber herablassend verhalten sollte, wird das in der Öffentlichkeit als Verstoß gegen die Etikette angesehen. Aber es ist nicht nur ein Verstoß gegen die Regeln eines allgemein akzeptierten Verhaltens. Es ist zugleich ein Verstoß gegen die von Gott gegebene Ordnung.

Der Koran und die Prophetentraditionen

Im Koran werden die Gläubigen an verschiedenen Stellen dazu aufgefordert, einander zu grüßen. So heißt es in Sure 4, 86: »Wenn ihr mit einem Gruß begrüßt werdet, dann grüßt mit einem noch schöneren Gruß, oder erwidert ihn. Und Gott rechnet über alle Dinge ab.« Die in vielen Begrüßungsritualen übliche Praxis, auf einen Gruß mit einem freundlicheren zu erwidern, worauf eine weitere noch freundlicher Erwiderung folgt, geht also auf den Koran zurück. Der gute Gruß wird von Gott als gute Tat gewertet. In Sure 24, 61 wird gesagt: »Wenn ihr nun Häuser betretet, so grüßt einander mit einem gesegneten, guten Gruß, der von Gott kommt […].«

Die Prophetentraditionen kennen zahlreiche Aussprüche des Propheten Muhammad über die Bedeutung des Grußes und zur rechten Art, den Gruß zu entbieten. Der bekannteste Satz ist folgender: »Der Prophet sagte: ›Dient dem Erbarmer, gebt Speisen zu essen, verbreitet den Friedensgruß, so werdet ihr in Frieden ins Paradies eingehen.‹«

Viele Aussagen des Propheten beziehen sich auf die richtige Art, im alltäglichen Umgang zu grüßen. Dazu gehören: »Der Prophet sagte: ›Die Begrüßung ist vor der Rede.‹« Ein anderer Spruch lautet: »Der Prophet sagte: ›Ladet niemand zum Essen ein, bis er grüßt.‹« Ausführlich ist die folgende Regel: »Der Prophet sagte: ›Der Reiter begrüßt den Fußgänger, der Fußgänger den, der sitzt, und die kleine Gruppe die große Gruppe.‹« Ein weiteres Beispiel: »Der Prophet sagte: ›Es reicht für die Gruppe, wenn sie vorbeiziehen, dass einer von ihnen grüßt. Und es reicht für die, die da sitzen, dass einer von ihnen den Gruß erwidert.‹« Klare Regeln formulierte er, in welcher Situation nicht gegrüßt werden sollte: »Ein Mann begrüßte den Propheten, während dieser urinierte. Da erwiderte er den Gruß nicht.« Ein anderes Verbot lautet: »Der Prophet sagte: ›Begrüßt nicht diejenigen, die Wein trinken, besucht sie nicht, wenn sie krank werden und betet nicht über sie, wenn sie sterben.‹« Nach den Überlieferungen begrüßte der Prophet jüngere Männer, aber auch Frauen zuerst: Komplizierter waren die Regeln bei Begrüßungen zwischen Muslimen und Juden oder Christen. »Einige der Gefährten des Propheten sagten zum ihm: ›O Gesandter Gottes, die Leute der Schrift [Juden und Christen] begrüßen uns. Was sollen wir ihnen erwidern?‹ Er sagte: ›Und über euch.‹«

»Der Frieden sei mit euch!«
Konsequenzen des Friedensgrußes

Der muslimische Friedensgruß lautet al-salâm ʼalaikum worauf geantwortet wird: wa ʼalaikum al-salâm. Das bedeutet: Der Frieden sei mit euch. Die Antwort dreht den Satz um: Und mit euch sei der Frieden. Nach dem islamischen Recht bedeutet dieser Austausch von Grüßen, dass zwischen den Personen, die sich begegnen, ein Friedensabkommen herrscht. Diese Funktion hat diese Grußformel durch die islamische Geschichte hindurch bis in die Gegenwart beibehalten. Wie wichtig sie stets genommen wurde, zeigt das Verhalten eines Muslims, der einem Fremden begegnete, von dem er nicht wusste, ob er zu seinen Glaubensgenossen zählte. Er antwortete auf dessen al-salâm ʼalaikum mit dem Satz al-salâm ʼalâ l-mu' min (Frieden dem Gläubigen). Dadurch schloss er einen irrtümlich zustande gekommenen Friedenszustand mit einem Ungläubigen von vornherein aus. Das konnte und kann auch heute angesichts der aktuellen Situation in muslimischen Gesellschaften mit christlichen Minderheiten oder jüdischen Mehrheiten eine gewisse Rolle spielen.

Die Formel hat bis heute also diese Bedeutung behalten. Radikale Muslime weigern sich sogar nicht selten, sie gegenüber Muslimen zu verwenden, von denen sie meinen, dass sie sich vom Islam, wie sie ihn verstehen, abgewandt hätten. Antwortet ein Vertreter dieser radikalen muslimischen Vorstellungen auf den muslimischen Friedensgruß eines Muslims, der den Islam anders versteht, mit der Formel »Frieden dem Gläubigen« oder vielleicht sogar überhaupt nicht, kann davon ausgegangen werden, dass sich hier zwei unterschiedliche Vorstellungen vom wahren Islam konfrontativ begegnen. Man sollte in Deutschland das al-salâm 'alaikum möglichst nicht verwenden, wenn man nicht weiß, wie ein muslimischer Adressat darauf reagiert. Wenn man sich gut kennt, ist die Anwendung des Friedensgrußes dagegen sicher möglich.

»Dein Tag sei glücklich« und andere neutrale Grußformeln

Die verschiedenen muslimischen Sprachen sind reich an Grußformeln. Wie in anderen Sprachen auch kann man eine gute Tageszeit wünschen. Im Arabischen kann man sagen: Nahârak sa'îd (Dein Tag sei glücklich) oder sabâh al-khair (Guten Morgen, wörtlich: einen Morgen des Guten). Später am Tag lautet der Gruß: masâ' al-khair (Guten Tag) oder

Laila sa'îda (Glückliche Nacht). Man kann darauf mit der gleichen Formel antworten. Der Empfehlung des Korans folgend kann man auf das sabâh al-khair mit einem sabâh al-ward (Ein Morgen von Rosen) antworten, worauf ein sabâh al-yasmîn (Ein Morgen von Yasmin) folgen kann. Dieser Austausch kann fortgesetzt werden, bis einem der Grüßenden die Phantasie für weitere Grüße ausgeht.

Ein zweiter Teil aller Grußformeln beinhaltet einen Willkommensgruß. So kann man im Arabischen marhaba (Willkommen) sagen. Ein stärkeres Willkommen ist dann ahlan wa sahlan, was eigentlich heißt: Du kommst zur Familie und zu einem weichen Lagerplatz. Nicht selten werden beide Formeln miteinander kombiniert. Sie sind nicht angebracht, wenn man jemandem eine unangenehme Mitteilung überbringen muss. Dann reicht ein kurzes »Hallo.«

Der dritte Teil des Begrüßungsrituals zielt auf die Frage nach dem Befinden ab. Darauf muss dann mit einer positiven Antwort reagiert werden. Informationen über einen detaillierten Gesundheitszustand oder eventuelle Unglücksfälle werden daher nicht erwartet. Die formelhafte Bestätigung, dass es einem gut geht, wird von beiden Seiten mit einem al-hamdu li-llâh (Gott sei Dank) beantwortet. Diese Erkundigung nach dem Befinden kann im Verlauf eines Gesprächs häufiger wiederholt werden und muss in gleicher Weise erneut beantwortet werden. Damit ist dieser Teil des Begrüßungsrituals aber noch nicht beendigt. Denn nun folgt noch eine Erkundigung nach dem Befinden der Familie oder nach dem von gemeinsamen Bekannten. Bei der Frage nach dem Wohlbefinden der Familie wird man auch unter guten Bekannten keine direkte Formulierung verwenden, sondern sich nach dem Befinden des »Hauses« erkundigen oder dem der »Beschützten«. Natürlich darf auch die Frage nach dem Verlauf der Geschäfte oder der beruflichen Situation nicht fehlen. All das muss ebenfalls positiv beantwortet werden und wird dem Ritual entsprechend mehrfach wiederholt.

Schließlich gibt es noch einen vierten Teil dieses umfänglichen Begrüßungsrituals. Er umfasst den Austausch weiterer Wünsche. Diese beziehen sich auf die Gesundheit und Schaffenskraft des Gegenübers. Man sagt: »Mögest du gesund bleiben und nicht müde werden.« Auch diese Wünsche können auf die jeweilige Familie ausgedehnt werden. Allerdings hat sich auch in muslimischen Gesellschaften dieses ausgedehnte Ritual in der Moderne auf kürzere, unzeremonielle Begrüßungsformeln oft bis hin zu einem knappen »Hallo« reduziert. Vor allem bei offiziellen Gelegenheiten, bei denen man einer Person zum ersten Mal begegnet oder wenn man einen Bekannten längere Zeit nicht gesehen hat, werden allerdings die traditionellen Regeln der Begrüßung weiterhin praktiziert.

Begrüßungsformeln zu besonderen Gelegenheiten

Neben der jeweiligen Tageszeit bestimmen auch noch weitere Umstände den Ablauf einer Begrüßung. Verschiedene religiöse Feiertage wie das Opferfest oder das Fastenbrechen bieten Anlass, sich gegenseitig ein glückliches oder gesegnetes Fest zu wünschen. In gleicher Weise wünscht man sich auch einen angenehmen Feiertag, wenn es sich um ein säkulares Fest wie den Nationalfeiertag handelt. Während des Fastenmonats Ramadan gehört zum Begrüßungsritual, dass man sich erkundigt, ob der andere seiner Pflicht zum Fasten nachkommt. In einem solchen Fall folgt von beiden Gesprächspartnern ein obligatorisches al-hamdu li-llâh (Gott sei Dank).

Eine Besonderheit stellen die rituellen Beileidsbekundungen dar. Man wird bei einer solchen Gelegenheit keine Fragen nach dem Gesundheitszustand oder nach der Familie stellen. Der Friedensgruß ist auch bei einer traurigen Situation unabdingbar. Man sollte aber seine Betroffenheit über den Tod eines Menschen ausdrücken und hinzufügen: »Ihna li-llâh wa ʾilayhi râjiʿûna (Wir gehören zu Gott und zu ihm kehren wir zurück). Bei engeren Freunden kann eine tröstende Umarmung angebracht sein.

Körperkontakte bei den Begrüßungen

Wenn sich Freunde oder gute Bekannte nach längerer Zeit zum ersten Mal wieder begegnen, tauschen sie Umarmungen und Wangenküsse aus. Dieses Ritual praktizieren Männer mit Männern und Frauen mit Frauen. Bei geschlechtsverschiedenen Personen sind diese Gesten nur unter Verwandten zu tolerieren. In einigen Regionen des Nahen und Mittleren Ostens kann man bei Männern beobachten, dass sie bei der Begrüßung ihre Hand auf ihr Glied legen. Sie deuten damit an, dass die gute Beziehung zu dem Begrüßten auch für die Nachkommenschaft Geltung haben soll. Es ist auch üblich, sich die Hände zu reichen. Allerdings wird nicht fest zugegriffen und ein festes Schütteln vermieden. Viele Muslime empfinden diese westliche Art eines festen Händedrucks als unangenehm und peinlich. Im Anschluss an die

Berührung der Hände führt jeder seine Hand kurz an die Brust, in besonderen Fällen auch an Mund und Stirn.

Auch bei diesem Thema spielt das Verhältnis zwischen den Geschlechtern eine wichtige Rolle: In der Öffentlichkeit begrüßen sich Frauen und Männer, die nicht miteinander verwandt sind, nur sehr zurückhaltend oder vermeiden die Begrüßung völlig, auch wenn sie sich gut kennen. Frauen vermeiden es auch, nicht mit ihnen verwandte Männer zu berühren, auch wenn es sich nur um einen Händedruck handelt. Dieses distanzierte Verhalten wird von einigen islamischen Rechtsschulen sogar ausdrücklich vorgeschrieben. Inzwischen gibt es zumindest unter Muslimen in Europa Debatten über das Händeschütteln und darüber ob man sich nicht den hiesigen Regeln anschließen sollte. Ein allgemein anerkanntes Ergebnis ist noch nicht abzusehen.

»Wenn Gott will« – Verabschiedungsrituale

Wie auch bei westlichen Mustern der Kommunikation ähneln die Verabschiedungszeremonien in einigen Phasen dem Begrüßungsritual. Verabschiedungen dürfen auf keinen Fall unvorbereitet im Sinne eines »Hals über Kopf« erfolgen. Dem Zurückbleibenden muss die Möglichkeit gegeben werden, den anderen zurückzuhalten, zumindest aber sein Bedauern über die Trennung auszudrücken. Dieser Ausdruck des Bedauerns wird auch von dem sich Verabschiedenden erwartet. Man wünscht ihm einen guten Weg, drückt die Hoffnung auf ein baldiges Wiedersehen aus und trägt Grüße und gute Wünsche an Verwandte oder Freunde auf. Auch die bei den Begrüßungen üblichen Gesten werden wieder zelebriert. Küsse und verabschiedende Umarmungen sind ebenfalls nicht ungewöhnlich. Hier werden selbstverständlich die Regeln der Geschlechtertrennung beachtet. Im Rahmen der Verabschiedungszeremonien ist auch die Gelegenheit, Verabredungen für zukünftige Begegnungen zu treffen. Dabei sollte nicht vergessen werden, dass diese nur zustande kommen können, wenn es Gottes Wille ist. Daher muss bei allen Vorhaben, die für die Zukunft geplant oder erwartet werden, der Satz »In sha'Allâh« (Wenn Gott will) hinzugefügt werden.

Bei längeren Trennungen durch Auslandsreisen, der Pilgerfahrt oder Geschäftsreisen in einem überschaubaren Radius gibt es bei der Verabschiedung durch die Familie und die Nachbarschaft stets einen »großen Bahnhof«. Verwandte und Nachbarn, Freunde und Bekannte begleiten den Reisenden zum Flugplatz oder Bahnhof. Die zahlenmäßige Größe der Gruppe der Begleiter verdeutlicht die Bedeutung oder die Beliebtheit des Reisenden. Daher bemüht man sich, eine möglichst große Zahl von Begleitern bei der Verabschiedung zusammenzuführen. Es ist die letzte Gelegenheit, eilig erworbene Geschenke zu überreichen. Man bespricht oder bestätigt noch einmal längst getroffene Vereinbarungen und Abmachungen und nimmt nicht ohne Rührung Abschied. Besonders eindrucksvoll gestalten sich die Verabschiedungen zur Pilgerfahrt nach Mekka, wenn die Pilger schon ihre weißen Gewänder angelegt haben und die Begleitpersonen stolz und aufgeregt für die Erledigung der technischen Begleitumstände, die Versorgung mit Reiseproviant und mit vorbereiteten Hinweisen auf die Pilgerrituale sorgen. Bei der Rückkehr von den heiligen Stätten des Islams kommt es dann zu ebenso aufwändigen Begrüßungen.

Höflichkeit im Umgang

Die Höflichkeit im Umgang miteinander drückt sich bereits im Zusammenhang mit der Anrede einer unbekannten Person aus. Man benutzt gegenüber einem Taxifahrer Formulierungen wie »Chef« oder »Meister«. Handelt es sich um ältere Männer, könnten sie als »Vater« oder »Onkel« abgeredet werden. Ältere Frauen spricht man als »Tante« bzw. »Großmutter« an oder gibt ihnen den ehrenvollen Namen »Pilgerin«, auch wenn sie die Reise an die heiligen Stätten des Islams noch nicht angetreten haben. Die entsprechenden Ansprachen sind natürlich von Region zu Region verschieden. Sie können oft fälschlicherweise einen recht intimen Eindruck erwecken. »Mein Herz«, »Mein Auge« oder »Mein Liebling« sind nichts anderes als Höflichkeitsformeln gegenüber jemandem, dessen Namen man nicht kennt. Sie drücken jedoch eine gewisse Bereitschaft aus, einen freundlichen Umgang miteinander zu pflegen. Trägt jemand, mit dem man in Kontakt kommt, einen akademischen, militärischen oder politischen Titel, ist es selbstverständlich, dass man ihn entsprechend anredet. Die Verwendung der Titel ist auch dann üblich, wenn man sich näher kennt. Es geschieht also, dass man jemanden mit seinem Doktortitel und seinem Vornamen anredet und ihn »Dr. Mustafa« anspricht. Natürlich gibt es auch verächtliche Formulierungen und grobe Beleidigungen, die häufig genauso bildreich sind wie die positiven Begrüßungen. Sie sollten jedoch vor allem gegenüber Fremden auf keinen Fall verwendet werden.

Bedeutung der Begrüßungs- und Verabschiedungsrituale

Grundsätzlich lässt sich feststellen, dass durch die Begrü-
ßungs- und Verabschiedungsrituale in der islamischen Welt
die Beziehungen zwischen Personen begründet, erneuert
oder bekräftigt werden. Daher ist es nicht verwunderlich,
dass auf die Einhaltung dieser Regeln besonderer Wert gelegt
wird. Man äußert sich grundsätzlich nicht spontan nach der
Devise »mit der Tür ins Haus fallen«. Selbstverständlich äußert man einen Wunsch erst nach einer gewissen Vorbereitung, in der man sich vorsichtig darüber informiert hat, ob
das Gegenüber zu seiner Erfüllung überhaupt in der Lage ist.
Wenn irgend möglich wird man seinen Wunsch auch nicht
direkt äußern. Nur im äußersten Notfall kann man eine Bitte
direkt und unmittelbar vorbringen. In diesem Fall würde man
die angesprochene Person geradezu dazu zwingen, den vor-
getragenen Wunsch zu erfüllen. Ist er dazu nicht in der Lage,
bringt man ihn in eine schwierige Situation, die seinem
Ansehen schaden könnte. Um eine solche Bloßstellung zu
vermeiden, ist es ratsam, seinen Wunsch nicht zu äußern. Es
kommt also darauf an, dass der Bittsteller durch eine geschickte Gesprächsführung und diplomatische Formulierungen seinen Ansprechpartner dazu veranlasst, von sich aus die
Erfüllung des Wunsches anzubieten. Die sehr viel direktere
Ansprache eines Problems, wie das in vielen Teilen Deutschlands üblich geworden ist, wird von manchen Muslimen als
unangenehm und unhöflich empfunden. Die sogenannte
»Berliner Schnauze«, deren Ruppigkeit als ein besonderes
Charakteristikum des Berliner Humors sich in Deutschland
angeblich weiter Beliebtheit erfreut, wird von muslimischen

Gästen mit deutlichem Unbehagen zur Kenntnis genommen. Muslime, die in Deutschland mit einer derartigen, rau, aber herzlich gemeinten Begrüßung konfrontiert werden, fühlen sich schlecht behandelt und erhalten einen ambivalenten Eindruck von der deutschen Gesellschaft.

Die häufig als sehr formalistisch erscheinenden Begrüßungen und Verabschiedungen haben einige objektive Vorteile. Bei der korrekten Anwendung der komplizierten und länger andauernden Rituale gewinnen die Beteiligten Zeit, sich aufeinander einzustellen und eine erste Einschätzung von der Persönlichkeit des anderen, von seiner Erziehung oder von seinem gegenwärtigen emotionalen Zustand vorzunehmen. Aus der Art und Weise, in der die Begrüßung vonstattengeht, können ein erfahrener Gast und ein ebenso kluger Gastgeber schon Einschätzungen der Thematik und des Verlaufs des folgenden Gesprächs vornehmen. Die Formelhaftigkeit sorgt zudem dafür, dass Wut und Ärger nicht bereits zu Beginn eines Gesprächs eskalieren und daher verletzender als beabsichtigt zum Ausdruck gebracht werden. In gleicher Weise bieten die Verabschiedungsrituale die Möglichkeit, eventuell während des Gesprächs aufgetretene Spannungen zu mildern und auch in schwierigen Situationen die Kontakte zwischen den Partnern nicht abreißen zu lassen. Oberster Grundsatz des Sozialverhaltens in islamischen Gesellschaften lautet stets, irreparable Konflikte zu vermeiden. Zwar gehört zum gesellschaftlichen Kontext auch ein gewisses Maß an Konfliktbereitschaft, um seine Ziele durchzusetzen. Doch wird immer versucht, einem ernsthaften und das Zusammenleben äußerst gefährdenden Zerwürfnis auszuweichen und es nicht zu einem tatsächlichen Konflikt kommen zu lassen. Der durch solche Formalien entstehende Zeitverlust wird angesichts der offensichtlichen Vorteile für den Umgang miteinander gerne in Kauf genommen.

Gesten und Körpersprache
in muslimischen Gesellschaften

Eine nonverbale Sprache der Kommunikation

Kommunikation entsteht nicht nur durch den Austausch von mündlichen oder schriftlichen Äußerungen, sondern auch durch verschiedene Körperhaltungen, Mimik und Gestik. Üblicherweise werden zwei Typen von Gesten unterschieden, bewusste und unbewusste. Die unbewusste, nicht beabsichtigte Kommunikation ist dem Einzelnen, von dem sie ausgeht, nicht klar. Sie gibt jedoch trotzdem bis zu einem gewissen Grad Auskunft über die innere Disposition des Akteurs und drückt seine Empfindungen gegenüber anderen Menschen aus. Diese Gesten unterscheiden sich je nach den Personen, die sie ausführen, in Form und Bedeutung. Ein Kratzen am Kopf kann Verlegenheit bedeuten, aber auch Unsicherheit oder Erheiterung. Die richtige Interpretation solcher Gesten ist nicht immer eindeutig. Dazu bedarf es nicht nur einer guten Kenntnis der jeweiligen Kultur, sondern auch einer engen Vertrautheit mit den handelnden Personen. Denn diese Gesten und Körperhaltungen drücken auch in einer bestimmten Kultur starke individuelle Momente aus, die nicht von jedem erkannt werden.

Der zweite Typ umfasst bewusste Gesten, die in ihrer Aussage eindeutig sind. Man kann in diesem Zusammenhang geradezu von »lexikalischen« Gesten sprechen. In einer Vielzahl von Fällen sprechen diese Gesten für sich und müssen nicht von einer entsprechenden mündlichen Äußerung begleitet werden. Sie stehen in ihrer Bedeutung als solche fest und bedürfen keiner besonderen Interpretation. Was in unserer Kultur ein Nicken oder ein Schütteln des Kopfes bedeutet, ist so eindeutig, dass jeder Mensch aus dem dazugehörigen kulturellen Umfeld diese Bewegung ohne weiteres versteht. Alle Gesten des zweiten Typs sind kulturabhängig, d.h. sie werden in ihrer konkreten Anwendung, häufig unbewusst, erlernt. Sie unterscheiden sich wie verschiedene Sprachen voneinander. Daher kann es nicht überraschen, wenn sich verschiedene Bedeutungen und Modifikationen von Körperhaltungen und Bewegungen in den zahlreichen Staaten der islamischen Welt, ja sogar in den einzelnen Regionen des Nahen und Mittleren Ostens beobachten lassen.

Man wird davon ausgehen können, dass eine Mehrzahl von Gesten von allen Muslimen, vor allem im Nahen und Mittleren Osten verstanden werden. Man kann aber nicht ausschließen, dass manche Gesten in einzelnen Regionen mehr oder weniger häufig anzutreffen sind. Für einen Fremden ist daher auf jeden Fall zunächst einmal ratsam, sich über die jeweilige Bedeutung der einzelnen Gesten zu informieren. Denn es kann leicht zu Irritationen kommen, wenn jemand, der offensichtlich nicht aus dieser Kultur stammt, sich an einer solchen Geste versucht, da man von ihm dergleichen nicht erwartet. Etwas Ähnliches kann übrigens auch geschehen, wenn ein Deutscher einen Zuwanderer in seiner Sprache anspricht. Es kann einen Moment dauern, bis die eigene Sprache als solche erkannt wird.

Unterschiede zwischen dem Orient und Westeuropa

Generell kann festgestellt werden, dass der Gestenreichtum in der islamischen Welt, vor allem aber im Nahen und Mittleren Osten größer ist als in Nord- und Mitteleuropa. Die verschiedenen Signale durch Gesten haben eine sehr viel weitreichendere Bedeutung und unmittelbarere Wirkung als mündliche Mitteilungen. Ein Taxifahrer in Beirut kann einem Verkehrspolizisten gegenüber seinen Ärger in viel heftigerer und deutlicher beleidigender Weise zum Ausdruck bringen, als das einem Berufskollegen gegenüber einem deutschen Polizisten in Düsseldorf möglich wäre. Dieser müsste dazu einen ganzen Wortschwall aufwenden. Die Bedeutung seiner Worte könnte er mit Gesten lediglich unterstreichen. Die einzige in Deutschland ähnlich aussagekräftige Geste wäre der ausgestreckte Mittelfinger bei im Übrigen geschlossener Hand.

Die verschiedenen Gesten sind nicht ohne weiteres zu entschlüsseln. Wenn einzelne Teile aus diesem Gestenspektrum in anderen Zusammensetzungen oder alleine verwendet werden, können sie völlig unterschiedliche Bedeutungen erhalten. Auch die Intensität und Geschwindigkeit, mit der die verschiedenen Körperbewegungen ausgeführt werden, können erkennbare Informationen beinhalten. Schnelle und heftige Bewegungen signalisieren z. B. in vielen Kulturen Dringlichkeit.

Gesten haben als Kommunikationsmittel ganz allgemein in den Ländern der islamischen Welt eine viel wichtigere Bedeutung als in Mittel- und Westeuropa. In Mittel- und Westeuropa nimmt die Häufigkeit der Gestik eines Sprechers häufig mit dem Maß seiner inneren Erregung zu. Sie gibt also eine genauere Auskunft über seinen Gemütszustand oder seine innere Beteiligung an der Thematik einer Unterhaltung. In der islamischen Welt gibt die Gestik dagegen offensichtlich weniger Auskunft über die innere Befindlichkeit eines Menschen. Das liegt nicht zuletzt daran, dass Gestik ein allgemeiner eingesetztes Mittel der Kommunikation ist.

Ablehnung oder Zustimmung? – was Gesten signalisieren können

Immer wieder taucht die Frage auf: Stimmt es, dass Muslime nicken, wenn sie etwas verneinen? Schon in älteren Reiseberichten wird auf die Unterschiede in der Gestik von Menschen in muslimischen Gesellschaften gegenüber der des Berichterstatters hingewiesen. So kann man lesen, dass die Einheimischen den Kopf schütteln und mit dieser Geste ein »Ja« oder eine positive Meinung ausdrücken wollen. Eine gegenteilige Einstellung löse dagegen ein Nicken aus. Zunächst mag diese Festellung der Reisenden als Versuch erscheinen, die islamische Welt möglichst exotisch darzustellen. Das einmalige Anheben und wieder Senken des Kopfes aus seiner Normalposition kann aber tatsächlich eine Ablehnung ausdrücken. Häufig werden dazu auch noch die Augenbrauen ruckartig einmal angehoben und dann in die normale Position zurückgeführt. Ergänzt werden diese beiden Gesten durch ein Schnalzen mit der Zunge und ein Verziehen des rechten Mundwinkels. Auf diese Weise wird für den Beobachter eine sehr heftige Ablehnung erkennbar. In

Ergänzung zu dieser negativen Reaktion kann der Akteur die Hand mit ausgestrecktem rechtem Zeigefinger in senkrechter Haltung heftig hin und her bewegen. Das isolierte Heben der Augenbrauen kann dagegen eine Begrüßung im Vorübergehen bedeuten, wenn man einen guten Bekannten trifft. Bewegt man dagegen den Kopf nach links und hebt ihn dabei an, wird mit dieser Geste die Zustimmung zu einer Frage oder Bitte zum Ausdruck gebracht. Sie kann auch als Einlenken in einer Auseinandersetzung oder beim Feilschen um den Preis für eine Ware oder Dienstleistung verstanden werden. Die seitliche Kopfbewegung hat wohl dazu geführt, dass die älteren europäischen Reiseberichte von einem Schütteln des Kopfes ausgingen und die Bewegung im Sinn einer Zustimmung interpretierten. Mehrfaches Kopfschütteln drückt dagegen Verwunderung aus.

Wenn der Gesprächspartner sich mit der flachen Innenhand mehrfach auf die Brust in der Herzgegend klopft, vermittelt er Zustimmung oder will die Richtigkeit einer Feststellung betonen. Die geöffneten Hände vor dem Körper auf und ab zu bewegen und dabei die Handflächen aneineinander zu reiben unterstreicht den festen Einschluss, einen Vorschlag oder ein Vermittlungsangebot abzulehnen. Die Geste signalisiert zugleich den Abbruch der Verhandlungen. Bei der Berührung der Handflächen kann es zu einem einmaligen Klatschen kommen, das ebenfalls Teil des Gestenkomplexes ist. Mit einem in Deutschland als Beifallskundgebung üblichen Klatschen mit erhobenen Händen macht man in islamischen Gesellschaften dagegen einen Diener oder Kellner auf sich aufmerksam. Längeres Klatschen ist aber auch als Beifallskundgebung bei künstlerischen, sportlichen oder artistischen Leistungen allgemein üblich. Macht man mit der

Faust der rechten Hand kreisende Bewegungen in der geöffneten linken Handfläche bedeutet das etwa: »Ich mache es trotzdem.«

Wenn man ein Übermaß an Dingen wie Äpfeln, Datteln oder anderen Früchten beschreiben will, bedient sich der Gesprächspartner folgender Gestik: Er deutet mit der Hand bei lockeren Fingern eine auf- und niedergehende Bewegung an, die ein Wiegen imitiert. Die gleiche auf- und niedergehende Bewegung kann auch gewählt werden, um ein Übermaß an positiven oder negativen Eigenschaften bei einer Person zu verdeutlichen.

Wenn eine Person mit leichter Hand auf eine Jacken- oder Hosentasche schlägt, deutet sie an, dass sie genügend Geld zur Verfügung hat. Ist das nicht der Fall, ist das Umstülpen der Hosentaschen dafür ein sicheres Zeichen. Schlägt man sich mit der Faust auf das Knie, will man mit dieser Geste zum Ausdruck bringen, dass man sich bemühen will, sich an ein Ereignis oder eine Tatsache zu erinnern.

Gesten für Lob oder Entschuldigung

Klopft man sich mit dem Zeigefinder mehrfach an die Stirn oder an die Schläfe, bedeutet diese Geste in islamischen Gesellschaften im Unterschied zum deutschen Verständnis nicht etwa einen Hinwies auf mangelnde Intelligenz bei der in Rede stehenden Person oder die Beleidigung eines Gesprächspartners. Vielmehr geht es gerade im Gegenteil darum, die Intelligenz oder Cleverness einer Person zum Ausdruck zu bringen. Die gleiche Geste verwendet man auch, wenn man seine Bewunderung über eine gute Idee deutlich machen will. Eine schraubende Bewegung mit der nach oben gerichteten rechten Hand in Höhe der Schläfe bedeutet »verrückt«. Eine ähnliche Bedeutung hat auch die Geste, bei der die geöffnete Hand in Höhe des Ohrs nach hinten bewegt wird. Der Daumen der Hand ist dabei vom Kopf abgewandt. Sie deutet an, dass die Worte oder Handlungen einer Person nicht ernst zu nehmen sind. Diese Bewegung kann auch die geringe Bedeutung eines Vorgangs zum Ausdruck bringen. Man kann auf diese Weise jemanden auffordern, die beleidigende oder törichte Rede einer anderen Person zu ignorieren, weil dieser ja ohnehin verrückt sei. Hat jemand in einem Gespräch eine dumme Bemerkung unbedacht geäußert, beißt er sich als Zeichen der Verlegenheit leicht in den gekrümmten Zeigefinger der rechten Hand. Beißt man sich mit den Scheidezähnen auf die Unterlippe, will man auf diese Weise seine absolute Verschwiegenheit zum Ausdruck bringen. Legt man den rechten Zeigefinger auf das Jochbein unter dem rechten Auge, bedeutet das: »Ich kümmere mich darum« oder »Du musst aufpassen.« Schlägt eine Person sich mit der offenen rechten Hand gegen die Stirn, deutet sie auf diese Weise an, dass sie etwas vergessen hat. Wenn ein Gegenüber den ausgestreckten Zeigefinger mehrmals kurz gegen die geschlossenen Lippen drückt, fordert er den Gesprächspartner auf, verschwiegen zu sein. Der gestreckte Zeigefinger der rechten Hand längs der rechten Seite der Nase angelegt, während die anderen Finger das Kinn umschließen, zeigt Verwunderung an. Dieselbe Geste ist in anderer Bedeutung auch in Deutschland bekannt. Hier soll sie dann Nachdenklichkeit ausdrücken. Wenn man sich mit dem flachen Nagel der rechten Hand über die Schneidezähne reibt, meint man, dass man etwas überhaupt nicht zur

Verfügung hat oder besitzt. Die Geste des Händewaschens in Gürtelhöhe vor dem Körper bedeutet: »Ich bin an dieser Sache unschuldig. Es ist zwar fürchterlich, aber ich kann nichts daran ändern.«

Gesten als zeitbezogene Hinweise oder Aufforderungen

Wenn man bei waagerecht vor dem Körper nach oben gerichteter Handfläche Daumen, Zeigefinger und Mittelfinger zusammenlegt und sie schnell vor dem Körper in vertikaler Richtung hin und her bewegt, signalisiert man einem Partner gegenüber sinngemäß: »Warte eine Minute. Ich komme sofort zu dir.« Geht dieselbe Bewegung etwas langsamer vonstatten, bedeutet sie so viel wie: »Immer langsam. Lass dir Zeit.« Das Zusammenlegen der Finger in der beschriebenen Weise kann andererseits bedeutet, dass man etwas als schön oder gelungen empfindet oder ausdrücken will: »Gut gemacht«. Dazu sollte man mit der Zunge schnalzen.

Hält eine Person die Hand mit der Innenfläche nach unten waagerecht vor dem Körper in Richtung einer sich gegenüber befindlichen Person und bewegt dann die aneinandergelegten Finger einmal oder mehrmals in einer schaufelnden Bewegung zu sich hin, fordert man jemanden auf herzukommen. In der deutschen Gesellschaft würde diese Bewegung eher als ein leichtes oder verborgenes Zuwinken verstanden. Die in Deutschland gebräuchliche Lockgeste, bei der mit den Fingern der rechten Hand oder dem nach oben gerichteten Zeigefinger dieser Hand eine

Bewegung zum eigenen Körper hin gemacht wird, um jemanden zum Kommen zu veranlassen, würde in islamischen Gesellschaften nicht verstanden. Bewegt man bei herunterhängendem Arm die Hand nach vorne und wieder zurück, will man jemandem klar machen, dass er einem folgen soll. Diese Geste kann auch gegenüber einem Partner in einiger Entfernung durchgeführt werden. Wenn man bei nach unten geöffneter Hand die Finger von sich weg bewegt, fordert man jemanden zum Verschwinden auf.

Bei einem Streit drohen die beteiligten Parteien einander, indem sie mit zusammengelegten Fingern die Hand mehrmals an der Gurgel vorbeiführen. Damit machen sie ihre Absicht deutlich, dass sie dem Kontrahenten an den Kragen wollen. Die gleiche Geste kann allerdings auch als Warnung verstanden werden in dem Sinne: »Lass das sein, sonst begibst du dich in große Gefahr.«

Gesten, die auf körperliche oder seelische Befindlichkeiten aufmerksam machen

Wenn man mit Daumen und Zeigefinger der rechten Hand einen Kreis bildet und dann diesen Kreis öffnend mit dem Zeigefinger leicht gegen die Kehle schlägt, deutet man damit an, dass man Durst hat und um ein Getränk bittet. Die gleiche Bedeutung hat das mehrfache kurze Einführen des Daumens bei ansonsten geschlossener Hand oder Faust in den geöffneten Mund. Wenn man dagegen Hunger hat, drückt man mit den Spitzen der aneinandergelegten Finger der rechten Hand, mit der Handfläche zur Seite gewandt, seinen Bauch leicht ein. Schlägt man sich mit dem Rücken der rechten in die geöffnete linke Hand, kann man so sein Vergnügen über einen gelungenen Scherz oder einen guten Witz zum Ausdruck bringen. Dieses Gefühl lässt sich auch ausdrücken, indem der rechte Arm so geführt wird, dass der Handrücken zur Erde zeigt. Die Hand wird dabei schnell durch die Luft geschlagen und gleichzeitig mit dem Fuß aufgestampft. Durch drei- oder vierfaches Klatschen kann ebenfalls Freude ausgedrückt werden. Diese Geste ist, wie viele andere, schon in der Zeit vor dem Islam üblich gewesen.

Legt eine Person die beiden ausgestreckten Zeigefinger nebeneinander und reibt sie hin und her, signalisiert sie, dass sich zwei Dinge ähnlich und damit im positiven Sinne nahe sind. So benutzen Araber diese Geste, wenn sie zum Ausdruck bringen wollen, dass sich Deutsche und Araber ähnlich seien, weil im Deutschen und im Arabischen im Unterschied zu vielen anderen Sprachen, grammatikalisch die Sonne weiblich und der Mond männlich sind. Hakt man die beiden gekrümmten Zeigefinder ineinander, will man dadurch zum Ausdruck bringen, dass bei einer Versammlung oder einem Treffen so viele Menschen beieinander waren, dass sie so dicht standen wie die beiden Zeigefinger. Fasst eine Person sich mit Daumen und Zeigefinger beider Hände bei ansonsten ausgestreckten Fingern an ihr Hemd, drückt sie damit ein hohes Maß an Distanz gegenüber einer Vereinbarung oder einer anderen Person, nach der gefragt worden ist, aus.

Ergebenheitsgesten

Zahlreich sind die Ergebenheitsgesten, die im zwischenmenschlichen Umgang in der islamischen Welt zu beobachten sind. Der westlichen Praxis vergleichbar kann man tiefe Verbeugungen beobachten, bei denen die Hände geschüttelt werden. Sie unterscheiden sich von den westlichen Formen jedoch dadurch, dass der sich Verbeugende zur gleichen Zeit versucht, sein Gegenüber anzuschauen. Um diesen Blickkontakt bewerkstelligen zu können, muss er einen gewissen Abstand einhalten und die Hand weit vorstrecken. In diesen Kontext der Ergebenheitsgesten gehört dann vor allem der Handkuss, den eine unterlegene Person einer Ranghöheren gibt. Derartige Gesten benutzt man besonders aus Anlass eines ersten Kontakts. Dann kann sich die merkwürdige Situation ergeben, dass der Ranghöhere versucht, aus Höflichkeit oder ebenfalls als Demutsgeste die Hand des anderen zu küssen. Es kommt so zu einer Mischung aus Ergebenheits- und Abwehrgesten, die gerne von einigen Worten und von Lächeln der Akteure begleitet werden. Die Geste des Handkusses ist vor allem auch häufig zwischen Eltern und Kindern zu beobachten. Auch heranwachsende oder ältere Kinder bringen so ihren Eltern gegenüber ihre Ehrerbietung zum Ausdruck. Ehefrauen küssen ebenfalls ihrem Ehemann die Hand und drücken ihm auf diese Weise ihren Respekt aus. Jüngere Personen küssen die Hand von älteren, allgemein respektierten Personen und führen danach auch deren Hand an die Stirn.

Eine besondere Art der Ergebenheitsgeste mag auf den ersten Blick gar nicht als solche erscheinen. Bei Empfängen oder anderen gesellschaftlichen Anlässen kann man jüngere oder rangniedere Männer sehen, die plötzlich in der Unterhaltung dem ranghöheren Gesprächspartner mit Daumen und Zeigefinder ein Stäubchen oder einen Faden vom Anzug nehmen wollen. Selbstverständlich ist ein solches Stäubchen, Fädchen oder Ähnliches gar nicht vorhanden. Vielmehr handelt es sich auch hier um eine Ergebenheitsadresse.

Körpernähe und Körperkontakt

Auch der körperliche Abstand, den Menschen voneinander halten oder suchen, stellt sich in verschiedenen Kulturen unterschiedlich dar. In Deutschland ist es üblich, beim Gespräch eine gewisse Distanz zu einem Gesprächspartner zu wahren. Wenn jemand versucht, dem anderen zu nahe zu kommen, wird das als unangenehm, ja als bedrängend empfunden. In einer solchen Situation weicht man zurück, um den alten Abstand wiederherzustellen. Wenn der Gesprächspartner dann weiter nachrückt, versucht man, einen solchen Kontakt zu beenden und vermeidet in Zukunft eine Begegnung. Lediglich gegenüber Menschen, für die man eine besondere Sympathie hegt und die dieses Empfinden teilen, kann diese Distanz überwunden werden. Gleiches gilt in Deutschland für Körperberührungen. Man empfindet es als unangenehm, wenn einem jemand die Hand auf die Schulter legt, einen umfasst, auf die Schulter schlägt oder auch nur bei der Begrüßung die Hand länger festhält, als es üblich ist. Derartige Berührungen werden nur als akzeptabel empfunden, wenn sie von einer Person ausgehen, die einem nahesteht oder sympathisch ist. Gerät diese Sympathie aus irgendeinem Grund in Vergessenheit, bemüht man sich, die zuvor übliche Distanz wiederherzustellen. Das signalisiert zugleich ein Erkalten der bisherigen guten Beziehungen.

In muslimischen Gesellschaften drücken Berührungen der Personen untereinander in der Öffentlichkeit gegenseitige Sympathie aus. Sie lassen dadurch die Öffentlichkeit an ihrer besonderen Beziehung teilnehmen. Wenn derartige Beziehungen zwischen Personen noch nicht bestehen, aber von einer Seite gewünscht werden, versucht sie, diese Beziehungen auch durch körperliche Kontakte herzustellen. Im alltäglichen Umgang gehen diese Kontaktaufnahmen auf eine höchst zurückhaltende und vorsichtige Weise vor sich. Diese Behutsamkeit ist vor allem dann angebracht, wenn sich eine rangniedrigere um die Sympathie einer ranghöheren Person bemüht oder wenn die sozialen Verhältnisse nicht geklärt sind. Es kann sich dann um eine leichte und kaum wahrnehmbare Berührung des Oberarms oder ein leichtes Klopfen handeln, um sich für ein Angebot zu bedanken oder eine Aussage zu unterstützen und auf etwas hinzuweisen. Häufig sehen sich auch Deutsche mit solchen vorsichtigen Gesten konfrontiert. Geht die Berührung von einer eindeutig höhergestellten Person aus wie einem deutschen Funktionsträger einer Behörde, lässt sich in der Regel eine derartige Zurückhaltung leider nicht immer feststellen. Vor allem wenn man stolz ist auf einen engeren Kontakt zu einer Person von öffentlicher Bekanntheit oder großem sozialen Ansehen, wird diesen Körperberührungen erhebliche Bedeutung zugemessen, auch wenn das in einem deutschen Kontext den Tatsachen nicht entsprechen mag. Dennoch erhält die Person, die einen körperlichen Kontakt mit der ranghöheren Person erfahren hat, aus der Sicht der Beobachter einen Anteil an dem Prestige des anderen.

In der islamischen Welt verlaufen die Bewegungsmuster zwischen den Menschen grundsätzlich viel weniger distanziert als in Mittel- und Westeuropa. Größere körperliche Nähe wird durchaus toleriert. Das gilt in der Öffentlichkeit aber nur für Personen des gleichen Geschlechts. Männer und Frauen halten dagegen im öffentlichen Umgang miteinander traditionell einen sehr viel größeren Abstand als geschlechtsverschiedene Partner in der westlichen Welt. Das gilt auch für Personen verschiedenen Geschlechts, die in einer legitimen und gesellschaftlich akzeptierten Beziehung zueinander stehen. Man sollte als Mann in Deutschland nicht versuchen, einer Muslimin die Hand zu geben, wenn sie das nicht will oder bei offiziellen Gelegenheiten gar die Hand zu küssen. Man sollte ihren Händedruck sicherlich erwidern, wenn sie einem die Hand entgegensteckt. Iranerinnen sollen seit dem Erfolg der Islamischen Revolution von 1979 überhaupt jeden öffentlichen körperlichen Kontakt mit Männern vermeiden. Das gilt auch für den Handschlag. Stattdessen legen Männer und Frauen zum Zeichen der Begrüßung die rechte, leicht nach innen gebogene Hand auf die Brust. Männer können dazu noch eine Verbeugung andeuten.

Im Übrigen sind die geringere Körperdistanz und der häufige Körperkontakt zwischen Männern untereinander oder zwischen Frauen untereinander häufiger und allgemein üblich. Niemand würde dahinter homosexuelle Neigungen vermuten. Versuchen Europäerinnen oder Europäer sich dieser größeren Nähe zu entziehen, wird dieses Verhalten nicht verstanden und als hochmütig und kalt aufgefasst. Dass man jemanden des gleichen Geschlechts im Gespräch mit der Hand berührt, um ein Argument zu unterstützen oder um ihn auf diese Weise auf etwas Besonderes aufmerksam zu machen, ist selbstverständlich und üblich. Dass mehrere Männer sich gegenseitig die Hände wegschlagen, wenn es bei einem Restaurantbesuch um die Begleichung der Rechnung geht, ist täglich zu beobachten. Auch die dringliche Bitte um Hilfe wird häufig dadurch ausgedrückt, dass der Bittsteller sich bemüht, seinen möglichen Helfer festzuhalten. Dabei wird er möglichst versuchen, ein Kleidungsstück seines Gegenübers zu ergreifen. Unter besonders dramatischen Umständen werden in solchen Fällen auch die Grenzen zwischen den Geschlechtern überschritten.

Lautstarke Bekundungen der Trauer und Trauergesten

Die eindrucksvollsten und historisch am längsten dokumentierten Gesten, die die islamische Welt kennt, sind die der Trauer über den Tod eines nahen Verwandten. Von den »Klageweibern«, die gegen Bezahlung lautstarke Trauerkundgebungen inszenieren, lesen wir schon im Neuen Testament (Mt 9, 23–25). Auch aus frühislamischer Zeit wird von dem Berufstand der professionellen Klagefrauen immer wieder berichtet. Der Prophet Muhammad hielt von dieser Art der Trauerkundgebung gar nichts, wie er sich auch ganz generell gegen jede Form übertriebener Trauer aussprach. So sagte er: »Der gehört nicht zu uns, der auf die Wangen schlägt, die Hemden zerreißt und die Rufe der Zeit der Unwissenheit [der Zeit vor dem Islam] benutzt.« In einer anderen Tradition heißt es über die frühislamische Gemeinde: »Der Prophet sagte: ›Es gibt in meiner Gemeinschaft vier Sachen, von denen sie nicht ablassen: Der Stolz über die Taten der Ahnen, der Tadel an den Nachkommenschaftslinien, die Bitte an die Sterne nach Regen und das Wehklagen um die Toten.‹ Und er sagte: ›Und die, die beim Trauern wehklagt, wenn sie nicht vor ihrem Tode umkehrt, wird am Tag der Auferstehung erweckt, während sie ein Kleid aus Teer anhat und eine Weste aus Hautausschlag.‹« Und in einer knapperen Überlieferung heißt es: »Der Prophet hat die verflucht, die wehklagt und die, die zuhört.« Alle diese Traditionen weisen darauf hin, dass die Vorstellung von einer Existenz nach dem Tod, die in der vorislamischen Glaubensvorstellung noch nicht vorhanden war, sich in der Zeit des Propheten noch nicht allgemein durchgesetzt hatte. Der Prophet lehnte Trauer über den Verlust eines Menschen jedoch nicht grundsätzlich ab. Zu den Reaktionen des Propheten Muhammad auf den Tod seines Sohnes Ibrahim berichten die Prophetentraditionen: »Wir traten mit dem Propheten bei dem Schmied Abu Sayf ein. Er war der Mann der Amme von Ibrahim. Der Prophet nahm Ibrahim, küsste ihn und roch an ihm. Danach traten wir bei ihm ein, während Ibrahim dabei war, seine Seele auszuhauchen. Da begannen die Augen des Gesandten Gottes zu tränen. Da sagte ʾAbd al-Rahmân ibn ʾAuf zu ihm: ›Du auch, o Gesandter Gottes?‹ Er sagte: ›O Ibn ʾAuf, es ist ein Zeichen von Barmherzigkeit.‹ Dann folgte eine weitere Träne. Da sagte er: ›Das Auge tränt, das Herz trauert. Und wir sagen nur das, was unserem Herrn gefällt. Wir sind durch den Abschied von dir, o Ibrahim, voller Traurigkeit.‹«

Bis heute haben sich die lautstarken Trauerkundgebungen jedoch von den muslimischen Autoritäten nicht unterdrücken lassen. Auch in der Gegenwart noch sind dramatische Gesten zum Ausdruck der Trauer vor allem in ländlichen Gebieten und in traditionellen städtischen Wohnvierteln durchaus üblich. Es bestehen auch keine großen Unterschiede zu den Trauerkundgebungen von orientalischen Christen und Juden.

Die Trauer über den Tod eines Verwandten oder einer anderen nahestehenden Person wird nach außen getragen und der Nachbarschaft vermittelt. Die Frauen schlagen sich dabei unter lautem Klagen mit der offenen oder geschlossenen Hand vor den Kopf, auch vor die Brust und halten den Kopf mit beiden Händen. In manchen Gegenden streuen sich trauernde Frauen Staub auf den Kopf. Von der Mehrzahl der Männer werden diese Ausbrüche nicht nachgeahmt, sondern als völlig unpassend angesehen. Daher sollen Frauen auch nicht an der Beisetzung eines Toten teilnehmen. Sollte ein Mann auf diese Weise seiner Trauer Ausdruck geben, würde man von einer durch die betrüblichen Umstände hervorgerufenen geistigen Verwirrung ausgehen. Von männlichen Trauernden wird nämlich eine ernste und gefasste Haltung erwartet. Es kann aber geschehen, dass Männer in einem ersten Überschwang der Trauer ein Kleidungsstück, das sie tragen, zerreißen.

Muss in Deutschland auch von lebhaften Trauerbekundungen ausgegangen werden? Vor allem bei Zuwanderern, die erst seit kurzer Zeit in Deutschland sind und die immer noch unter dem Eindruck von Bürgerkrieg und Flucht stehen, muss man erwarten, dass sie den Tod eines Verwandten oder gar eines Kindes lebhaft betrauern. Häufig bemühen sich dann Verwandte oder Freunde, die Trauernden zu beruhigen. Festgestellt wurde aber auch, dass manche Trauernde apathisch reagieren und versteinern. Von der Umgebung wird diese Reaktion oft als problematischer angesehen als die lauten Ausbrüche.

Augenkontakt, Hinwendung und andere Kontaktgesten in Gesprächssituationen

In Unterhaltungen mit muslimischen Gesprächspartnern aus den verschiedensten Regionen kann man feststellen, dass der Versuch, einen Augenkontakt herzustellen, sehr viel häufiger unternommen wird als bei vergleichbaren Gelegenheiten in westlichen Gesellschaften. Auf diese Weise soll besonderes Interesse und eine erhöhte Aufmerksamkeit gegenüber dem Gesprächspartner zum Ausdruck gebracht werden. Dieses Verhalten wird auch und in besonderem Masse eingesetzt, wenn sich mehrere Personen miteinander unterhalten. Dabei spielt auch die soziale Rangfolge in dieser Gruppe eine Rolle. Wenn der ranghöhere Teilnehmer des Gesprächs sich äußert, richten sich alle Augen auf ihn. Privatgespräche zweier Personen innerhalb einer größeren Gruppe sind verpönt. Die deutsche Praxis, nebeneinander zu stehen oder zu sitzen und vor sich hin zu sprechen, wird als unhöflich angesehen. Dieser erwartete Augenkontakt darf aber nicht zu intensiv sein, sonst würde er als aggressiv verstanden. Man vermeidet es auch, einen Unbekannten auf der Straße oder in einem Verkehrsmittel direkt anzuschauen Es geht vielmehr darum, dem Gesprächspartner durch kurze Blicke oder die Hinwendung des Oberkörpers zu verdeutlichen, dass man ihm seine volle Aufmerksamkeit schenkt. Bei einem Gespräch zwischen einem Mann und einer Frau würden beide dagegen versuchen, dem Blick des anderen möglichst auszuweichen. Ein direkter längerer Blickkontakt würde als indezent verstanden.

Eine weitere Besonderheit ist zu beachten, wenn die Gesprächspartner einander gegenüber sitzen. Dabei gilt es als ausgesprochen unhöflich, wenn man das eine Bein über das andere schlägt. Vielmehr sollte man beiden Füße auf den Boden stellen. Im anderen Fall würde die Fußsohle gegen den Gesprächspartner gewandt sein. Eine solche Haltung würde aber ähnlich aufgefasst wie die, bei der man dem Gegenüber die Hand mit der zugewandten Handinnenfläche entgegenhält. Sie wird also als eine abweisende Geste verstanden. Diese Fußhaltung hat sich entwickelt aus der Position, die man einnehmen muss, wenn man auf dem Boden sitzt. Vor allem dann ist die Auffassung, dass die zugewandten Fußsohlen eine Abwehrhaltung ausdrücken, nachvollziehbar.

Eine besondere Eigentümlichkeit

Eine besondere Eigentümlichkeit der Körpersprache von Zuwanderern aus der islamischen Welt ist das häufig praktizierte Knacken mit den Gelenkknochen, das von vielen Deutschen als unangenehm empfunden wird. Viele Menschen aus der islamischen Welt sind in der Lage, durch entsprechende Bewegungen oder durch ein Ziehen an den entsprechenden Gliedmaßen die Gelenke zum Knacken zu bringen. Besonders einfach sind diese Geräusche offenbar mit den Fingern zu bewerkstelligen. Manche jüngere Personen sind sogar in der Lage, durch entsprechende Dehnungsbewegungen Knackgeräusche mit der Wirbelsäule zu produzieren. Diese Form der Körpersprache findet sich in gleicher Weise bei Männern wie Frauen. Allerdings verhalten sich Frauen dabei diskreter als Männer. So unangenehm sich diese Geräusche für manche deutsche Ohren anhören mögen, sie bereiten keine Schmerzen und haben keine sofort erkennbaren, medizinisch beschreibbaren Folgen. Natürlich erzeugt dieses Knacken in vielen Fällen einen unterhaltenden Aspekt. Das gilt vor allem, wenn jungen Leute sich bemühen, möglichst gut vernehmbare Geräusche zu produzieren. Man kann das Gelenkknacken vor allem dann beobachten, wenn Menschen unter inneren Spannungen stehen. Wenn sie bei einem Behördenbesuch auf die Bearbeitung bzw. den Bescheid eines Antrags warten, wenn Studierende sich in einer Prüfung befinden, wenn sie zum ersten Mal eine für sie ungewohnte Umgebung erleben, lindern viele Menschen aus dem Nahen und Mittleren Osten dadurch die innere Anspannung. Dies ist dem Wippen mit dem Fuß oder dem beständigen leichten Auftippen der Ferse auf den Boden bei Deutschen zu vergleichen. Ganz ähnlich ist auch die gesellschaftliche Beurteilung dieses Verhaltens. Vor allem bei Kindern wird das Gelenkknacken nicht gerne gesehen und durch die entsprechenden Mahnungen unterbunden. Bei Erwachsenen wird es als ungehobelt betrachtet, zugleich aber Verständnis für ein solches Verhalten aufgebracht, weil die Entspannungsfunktion des Knackens allgemein akzeptiert wird.

Integrationsprobleme

Probleme im Alltag

Für alle Zuwanderer, die nach Deutschland kommen, gibt es Probleme damit, wie man sich in dem neuen Land verhalten soll und wie sich Deutsche verhalten. Einige Zuwanderer verfügen aus beruflichen Gründen über Erfahrungen mit Deutschen oder sind einzelnen von ihnen bei deren Besuchen im Herkunftsland begegnet. Das waren besondere Situationen für beide Seiten. Nun kommt es darauf an, sich in einer Alltagssituation zurechtzufinden. Deutsche gehen davon aus, dass sich die Zuwanderer der deutschen Situation anpassen, ohne zu wissen, wie fremd die Situation für diese Muslime ist. Denn diese werden feststellen, dass sich ihre Vorstellungen von einem Leben in Deutschland nicht ohne weiteres erfüllen lassen. Dabei gibt es aus ihrer Sicht scheinbare Nebensächlichkeiten, die hier besonders ernst genommen werden. Was sie selbst sehr ernst nehmen, ist dagegen weniger bedeutsam. Hier sei nur auf die Bedeutung von Religion oder Familie hingewiesen. Im Folgenden werden einige Aspekte der Alltagskultur vorgestellt, die zu Missverständnissen und in der Folge zu Konflikten führen können.

Stimmt es, dass Muslime sich immer verspäten?

Die Unsicherheit von muslimischen Zuwanderern im Zusammenhang mit Zeitvorstellungen wird durch die verschiedenen Erfahrungen von Arbeitgebern, Lehrern und anderen Personen, die mit muslimischen Zuwanderern zu tun
haben, immer wieder bestätigt. Diese haben oftmals nicht
nur Schwierigkeiten mit präzisen Zeitvorgaben, sondern
auch bei der Darstellung zeitlicher Abläufe. Im Alltagsver-
halten trifft man daher oft auf eine auf Anhieb nicht nach-
vollziehbare Zeitvorstellung der Zuwanderer. Angaben zur
Dauer für die Zurücklegung einer Wegstrecke können zum
Beispiel sehr unterschiedlich sein. Wahrscheinlich liegen die
Unterschiede in Bezug auf eine Zeitdauer in der Tatsache
begründet, dass das hohe Maß an Abstraktion, das unserem Zeitbegriff eigen ist, von vielen Zuwanderern erst ein-
geübt werden muss. In den vornehmlich immer noch agra-
risch geprägten Staaten des Nahen und Mittleren Ostens
spielten der Terminkalender und die damit verbundene
Abstraktion des Zeitbegriffs keine große Rolle. Man verabredet sich nicht für eine bestimmte Uhrzeit, sondern
für den Vormittag oder zum Mittagsgebet. Diese Zeitbe-
stimmungen bedeuten aber keine auf die Sekunde präzise
Uhrzeit, sondern meinen den Moment, wenn der Muezzin
ruft. Häufig sind Zeitangaben auch gar nicht präzise gemeint, auch wenn ein genauer Zeitpunkt verabredet ist.
Wenn einem also mitgeteilt wird, dass der Gesprächspartner
erst in drei Stunden kommen wird, bedeutet das nicht, dass
man ihn nach Ablauf dieser Zeit antreffen wird. Die Aussage
macht unter Umständen vielmehr deutlich, dass es keinen
Zweck hat, auf den Gesprächspartner zu warten und es ein

anderes Mal zu versuchen und das Büro daher bald zu verlassen.

Dass diese Frage der zeitlichen oder mengenmäßigen Präzision im orientalischen Kontext eine andere Bedeutung hat als in westlichen Zusammenhängen, lässt sich schon an der Märchensammlung von »1001 Nacht« feststellen. Darin erzählt angeblich die Wesirtochter Schehrazad dem König Schahriar über einen Zeitraum von 1001 Nächten zahlreiche Geschichten. Immer wieder haben Editoren und Herausgeber dieser Märchensammlung versucht, präzise Vorgaben für diesen Zeitraum und die dabei erzählten Geschichten nachzuvollziehen. Das ist ihnen aber nicht wirklich gelungen. Vielmehr meint die Zahl 1001 nichts anderes, als dass es sich um eine große, nicht weiter zu präzisierende Zahl von Geschichten in dieser Sammlung handelte. Diese Funktion von 1001 lässt sich auch an anderen Beispielen belegen. So gibt es in der Türkei ein Tal der »1001 Kirchen«, in dem sich selbstverständlich nicht genauso viele Kirchen befinden. Auch hier soll durch diese Zahlenangabe lediglich ausgedrückt werden, dass es sich bei der Zahl der Kirchen um eine ungewöhnlich große Menge handelt.

Warum reagieren Muslime auf einfache Fragen oft mit so komplizierten Antworten?

Immer wieder wird die Frage gestellt, warum man von Muslimen auf eine einfache Frage kaum eine einfache Antwort erhalten kann. Solche Fragen werden vor allem von Personen gestellt, die auf kurze und präzise Antworten angewiesen sind, wie z.B. im juristischen Bereich von Anwälten oder

Richtern. Vorwürfe von Weitschweifigkeit, Erzählungen aus 1001 Nacht und Ähnliches sind dann nicht weit. Die Antwort auf diese Frage mag überraschen. Einer der Gründe liegt darin, dass die Antwortenden um eine der Wahrheit entsprechende Antwort bemüht sind. Durch eine umfangreiche, alle Einzelheiten in Betracht ziehende Ausführung bietet sich eine größere Chance für eine korrekte, mit der so erfahrenen Realität übereinstimmende Feststellung. Falls mehrere Personen zusammen sind und alle einer entsprechenden Befragung unterzogen werden, kann man davon ausgehen, dass sie eine unter Umständen längere Unterhaltung über den zu berichtenden Tatbestand beginnen werden. Erst nach einer ausführlichen Klärung der verschiedenen Ansichten und einem Abgleichen der unterschiedlichen Versionen mit immer wieder gestellten Rückfragen kommt es dann zu einer Antwort. Die Realität ist daher stets das Ergebnis eines längeren Diskussionsprozesses.

Sind Muslime wirklich unzuverlässig?

Häufig wird davon geredet, dass Muslime notorisch unzuverlässig seien. Hinter dieser scheinbaren Unzuverlässigkeit steckt aber etwas anderes. Es ist vielen Muslimen nur schwer möglich, z. B. auf eine Bitte um einen Termin negativ zu antworten, auch wenn er ihnen unangenehm oder für sie mit späteren Schwierigkeiten verbunden ist. Unter solchen Bedingungen würden sie Zeitprobleme geltend machen oder weitere Termine, die ihnen ein Treffen nicht gestatten. Falls man auf einem Termin besteht, darf man davon ausgehen, dass es am verabredeten Zeitpunkt zu so langwierigen Verspätungen kommt, dass die Einhaltung des Termins nicht mehr in Frage kommt. Bei nächster Gelegenheit würde eine andere Entschuldigung gefunden werden, warum ein Kommen sich als völlig unmöglich herausstellt. Spätestens dann sollte man verstehen, dass es schwerwiegende Gründe dafür gibt, dass solch ein Termin nicht zustande kommen kann und ggfs. nicht weiter darauf bestehen. Gerade bei solchen Gelegenheiten kann es natürlich zu kulturbedingten Missverständnissen von Flüchtlingen gegenüber deutschen Institutionen, aber auch freiwilligen Helfern und Privatpersonen kommen. Die direkte Ablehnung von Bitten oder Terminvorschlägen wird als ungehobelt angesehen und unter Umständen als persönliche Missachtung oder als Beleidigung betrachtet.

Vielleicht versuchen Zuwanderer auch durch eine weitere Kulturtechnik eine Verbesserung ihrer Situation oder die Erfüllung einer Bitte oder eines Antrags zu gelangen. Diese Technik wird auf Arabisch als Wâsta bezeichnet. Man könnte das Wort mit »Fürsprache« widergeben. Es handelt sich dabei um Folgendes: Eine Person hat eine Bitte oder ein Anliegen an eine bedeutenden Persönlichkeit oder den Vertreter einer wichtigen Institution, bei dem nicht ohne weiteres mit einer Erfüllung gerechnet werden kann. Daher wendet der Bitt- oder Antragsteller sich an eine einflussreiche dritte Partei und bittet diese, zu ihren Gunsten zu intervenieren oder sich für sie einzusetzen, also als Fürsprecher aufzutreten. Ist dieser Versuch erfolgreich, wird sich der Bittsteller bei sich bietender Gelegenheit bemühen, den Fürsprecher zu unterstützen oder ihm behilflich sein. In den islamischen Gesellschaften lässt sich leicht herausfinden, wer als Fürsprecher infrage kommen kann. In Deutschland sind solche Formen der Fürsprache nicht völlig unbekannt. Sie sind aber nicht in dem Maße gesellschaftlich institutionalisiert wie in den Herkunftsländern der Flüchtlinge. So kann ein Dolmetscher in einer Gerichtsverhandlung oder bei einem Behördentermin nicht als Fürsprecher auftreten. Seine Position wird jedoch von den Klienten häufig falsch aufgefasst oder missverstanden. Das gilt auch für die Situation der freiwilligen Helfer. Ein Antragsteller geht davon aus, dass er bestimmte Ansprüche hat, die ihm aber verwehrt werden. Er meint auch, dass der Vertreter der Institution aus unbekannten Gründen den Anspruch nicht vollkommen erfüllen will. Um eine teilweise Erfüllung seines Antrags zu erreichen, bedarf es der Wâsta. Wesentlicher Bestandteil aller derartigen Vermittlungsversuche ist im Grunde ein Kompromiss zwischen den Erwartungen des Bittstellers und den Möglichkeiten eines Behördenvertreters. Die traditionellen gesellschaftlichen Erwartungen gehen dahin, dass jede Seite von ihren Maximalforderungen abgeht und der entstandene Konflikt sich auf diese Weise beilegen lässt. Es mag sein, dass die Wiederherstellung eines vorherigen Zustands dadurch nicht erreicht wird. Der gesellschaftliche Druck ist jedoch so groß, dass auch gewisse als Verlust angesehene Veränderungen akzeptiert werden müssen. Ziel der Vermittlung ist die Wiederherstellung normaler Beziehungen zwischen den Parteien. Dass ein solches Ergebnis in einem auf Verwaltungsregeln beruhenden bürokratischen System nicht erreicht werden kann, muss das Ziel eines Integrationsprozesses sein.

Ähnliche Missverständnisse ergeben sich auch im Zusammenhang mit dem sogenannten »Bakschisch«. Das Wort stammt ursprünglich aus dem Persischen und hat dort die

Bedeutung »Almosen«. In vielen Ländern, in denen die Mitarbeiter von Verwaltungen und anderen Institutionen über Löhne verfügen, die kaum zum Lebensunterhalt reichen, kann man durch die Zuwendung einer bestimmten Summe an einen Mitarbeiter Verwaltungsvorgänge beschleunigen oder zu einer positiven Entscheidung bringen. Man kann in diesem Zusammenhang natürlich auch von Bestechung sprechen. In Deutschland ist Bestechung kein unbekanntes Phänomen, stellt aber dennoch einen Straftatbestand dar (StGB § 334). Aus der Sicht und der Lebenserfahrung der Zuwanderer handelt es sich aber um ein notwendiges Übel und einen Teil der Lebenswirklichkeit ihrer Herkunftsländer. Dass sie versuchen, sich in schwierigen Situationen durch geldliche Zuwendungen einen Vorteil zu verschaffen, ist daher nachzuvollziehen. Auch hier ist es unbedingt erforderlich, den Flüchtlingen die üblichen Regeln zu vermitteln.

Welche Bedeutung hat der »Gute Ruf«?

Zwei der wichtigsten sozial bedeutsamen Kriterien in den islamischen Gesellschaften sind der gute Ruf und das öffentliche Ansehen, das den Umgang der Menschen miteinander bestimmt. Ihm sollte das gesamte Verhalten des Einzelnen wie aller Mitglieder einer Familie untergeordnet sein. Materielle Dinge beeinflussen die Beziehungen von Einzelpersonen und Gruppen in sehr viel geringerem Masse als in westlichen Gesellschaften. Eine solche Einstellung ist in egalitären Gesellschaften häufig anzutreffen. Dieses Verständnis von Gleichheit der Menschen beruht auf einem der wichtigsten sozialen Prinzipien des Islams. Vor Gott sind nach Überzeugung der Muslime alle Menschen gleich. Sie unterscheiden sich voneinander nur durch ihre Frömmigkeit und den Gehorsam gegenüber Gottes Geboten. Dennoch spielt ein guter Ruf oder ein angesehener Name eine wichtige Rolle in den verschiedensten gesellschaftlichen und politischen Zusammenhängen. Dabei ist es einleuchtend, dass ein guter Ruf in wirtschaftlichen Beziehungen von besonderer Bedeutung ist. Das lässt sich auch am Beispiel von westlichen Verhältnissen nachvollziehen. Muslime, die sich zum ersten Mal begegnen, versuchen auf subtile Weise herauszufinden, welchen Ruf der jeweilige Gesprächspartner hat. Das geschieht, indem sie wechselseitig eruieren, welche gemeinsamen Bekannten sie haben. Wenn sich solche feststellen lassen, schließen sie von deren Ruf auf den ihres neuen Bekannten. Das deutsche Sprichwort: »Sage mir, mit wem du umgehst, und ich sage dir, wer du bist«, wird im kulturellen Kontext des Islams ständig angewendet. Je mehr Personen von großem öffentlichem Ansehen und tadellosem Ruf jemand kennt, desto eher werden in Streitfällen die Positionen des Betreffenden durch die Gemeinschaft akzeptiert und gestützt. Es kommt in solchen Fällen unter Umständen zu einem Wettstreit um die Zahl der Leumundszeugen. Dabei handelt es sich um eine kulturbedingte Verhaltensweise, die von muslimischen Zuwanderern sehr häufig auch gegenüber Einheimischen oder staatlichen Institutionen praktiziert wird. Auch bei Kontakten mit syrischen Flüchtlingen, die erfahren, dass deutsche Gesprächspartner öfter oder längere Zeit in Syrien gewesen sind, bemühen sich die Zuwanderer zu erfahren, welche Kontakte sich dabei ergeben haben.

Da der gute Ruf einer Person bestimmt, ob sie vertrauenswürdig ist, erlebt man es auch im Kontakt mit Zuwanderern, dass in Konfliktfällen oder bei Gerichtsverfahren von Muslimen eine Vielzahl von Personen benannt werden, die zur Sache nichts weiter sagen können, sondern lediglich den guten Ruf einer der Parteien bestätigen sollen. Das Moment der so verstandenen gesellschaftlichen Egalität führt in manchen Fällen dazu, dass Menschen aus sehr unterschiedlichen gesellschaftlichen Schichten als Leumundszeugen aufgeführt werden. In einem dörflichen oder kleinstädtischen Zusammenhang oder innerhalb einzelner traditioneller Wohnviertel, in denen jeder jeden kennt und alle alles voneinander wissen, funktioniert eine solche Praxis recht erfolgreich. Angesichts der auch in vielen muslimischen Städten mittlerweile feststellbaren Anonymisierung ist sie allerdings zu einer kaum noch praktikablen Technik geworden.

Doch auch in einer muslimischen Gesellschaft, in der die Unterschiede zwischen den einzelnen Individuen durch verschiedene institutionelle Techniken möglichst gering gehalten werden, gibt es reiche und arme, mächtige und schwache Menschen. Die Kommunikation zwischen diesen beiden Extremen der gesellschaftlichen Skala ist ein außerordentlich komplizierter Vorgang, der auf allen Seiten mit großer Sensibilität betrieben werden muss. Die tatsächliche wirtschaftliche, politische, selbst intellektuelle Überlegenheit darf der anderen Seite auf keinen Fall deutlich gemacht werden. Auf der anderen Seite sollte aber auch eine Bitte um materielle Unterstützung nicht direkt geäußert werden. Eine Ausnahme bilden hier nur die »professionellen« Bettler, die aufgrund des islamischen Almosengebots sozusagen einen Anspruch auf eine barmherzige Gabe von einem wohlhabenden Glaubensgenossen haben. Will man dagegen einen Bekannten oder Freund, der in Not geraten ist, materiell unterstützen, sollte man dies nie direkt oder öffentlich tun. Offizielle weiß man ja auch gar nichts von der Zwangslage, in der sich der Bekannte befindet. Man lässt ihm daher Geld oder eine andere Unterstützung anonym zukommen. Insofern waren die anonymen Kleider- und anderen Sachspenden eine für die Flüchtlinge aus Afghanistan, Irak und Syrien akzeptable Zuwendung, durch die sie sich nicht unangenehm berührt fühlten.

Welche Fremdheitserfahrungen machen Zuwanderer in Deutschland?

Flüchtlinge wie auch andere Zuwanderer müssen sich in Deutschland an eine Vielzahl von neuen Verhaltensweisen und alltäglichen Situationen gewöhnen. Für viele, die auf eine anspruchsvolle Berufsausbildung oder einen akademischen Grad verweisen können, ist das ebenso ungewöhnlich wie für Menschen mit einem einfachen Bildungsniveau. Ein häufig angesprochenes Thema ist das der Pünktlichkeit. Dabei lassen sich am deutlichsten die Unterschiede zwischen den einzelnen nationalen und sozialen Zuwanderergruppen feststellen. Vor allem bei Menschen aus ländlichen Gebieten ist die Erfahrung, dass an sich auf die Minute pünktlich zu einer Verabredung oder an einer Arbeitsstelle einfinden muss, zunächst ungewöhnlich. Schließlich gehört Geduld zu den Tugenden eines Muslims. So gibt es nicht nur Sprichwörter wie: »Gott schuf die Zeit. Von der Eile hat er nichts gesagt.« »Die Eile ist des Teufels.« »Gott ist mit den Geduldigen.« Immerhin ergänzen manche Muslime das letzte Sprichwort mit den Worten: »Aber nur, wenn er Geduld hat.«

Wie steht es um Geduld und Pünktlichkeit?

Über die Sprichworte hinaus wird das Thema der Geduld im Koran an verschiedenen Stellen angesprochen. Die mehr als 20 Stellen können hier nicht alle zitiert werden. Die folgenden mögen genügen. So heißt es in Sure 2, 45: »Und sucht Hilfe in der Geduld und im Gebet. Und das ist ja schwer, außer für Geduldige.«

Diese religiös begründeten Aussagen über die Geduld werden heute auch auf eher alltägliche Fragen übertragen und beziehen sich dann auch auf Fragen des Umgangs mit der Zeit. Dabei geht es nicht nur um Verspätungen. Vielmehr kommt es auch vor, dass jemand sehr viel früher als vereinbart zu einem Termin erscheint. Wenn man dann einige Zeit warten muss, ehe der Gesprächspartner erscheint, muss man sich natürlich in Geduld üben. Wenn es tatsächlich einmal wirklich um ein pünktliches Erscheinen geht, wurde bis zur Verbreitung von Mobiltelefonen schon lange vor dem vereinbarten Termin telefonisch nachgefragt, ob man sich bald auf den Weg mache oder schon unterwegs sei. Inzwischen wird, wie in den großen europäischen Metropolen auch, in den nah- und mittelöstlichen Metropolen mit den modernen Kommunikationsmitteln festgestellt, wie pünktlich jemand seinen Termin einhalten kann. In diesem Zusammenhang sei auch darauf hingewiesen, dass viele Menschen aus dem muslimischen Kulturraum in einer wichtigen Angelegenheit bei jemandem erscheinen, ohne zuvor überprüft zu haben, ob der Gesprächspartner Zeit für eine Unterhaltung hat oder überhaupt anwesend ist. Man geht davon aus, dass eine wichtige Person immer zu sprechen ist. Wenn sie dann zunächst für ein Gespräch nicht zur Verfügung steht, muss man sich in

Geduld fassen, bis er Zeit hat. Wenn erklärt wird, dass der Gesprächspartner nicht anwesend sei, wartet man, bis er wieder zurückkommt. Falls man es in einer Angelegenheit einmal wirklich eilig hat und meint, dass man keine Zeit habe, kann man folgende Antwort erhalten: »O, du hast keine Zeit? Dann komm doch wieder, wenn du Zeit hast.« Der Satz: »Pünktlichkeit ist die Höflichkeit der Könige« gilt in den Staaten der islamischen Welt weder für Könige noch für Präsidenten. Dort gehört es geradezu zu den Insignien der Macht, sich um Stunden zu verspäten und Mitarbeiter, aber auch die Repräsentanten ausländischer Staaten warten zu lassen. Wenn Flüchtlinge in Deutschland wegen der Überlastung oder der Inkompetenz der Mitarbeiter staatlicher Institutionen lange Wartezeiten in Kauf nehmen müssen, ist das für sie nichts Ungewöhnliches. Sie sind das aus ihren Herkunftsländern gewohnt und fassen sich in Geduld. Dass sie sich am Arbeitsplatz in Deutschland großer Pünktlichkeit befleißigen müssen, lernen sie in der Regel allerdings sehr schnell.

Realitätswahrnehmung

Wie man Realität sieht und wie man sie im Gedächtnis behält, ist von einer Vielzahl von Faktoren abhängig. Zu diesen Umständen gehören sicher das persönliche Befinden, Alter, Erfahrung, Stimmung und vieles andere. In Erinnerung behält man einerseits das, was einem ungewöhnlich vorkommt, andererseits aber vor allem das, was man für wichtig hält. Was bedeutsam ist, wird von der Kultur, in der man lebt und aufgewachsen ist, geprägt. Da sich die Kulturen und die in ihnen vermittelten Wert- und Bedeutungssysteme voneinander unterscheiden, unterscheidet sich auch der Eindruck, den man von der Wirklichkeit hat. Wenn man daher eine subjektiv erlebte Wirklichkeit wiedergeben muss, kann sich eine derartige Aussage von der einer anderen Person leicht oder erheblich unterscheiden. Das erlebt jeder Richter in einem Strafprozess oder jeder Polizeibeamte, der einen Unfall aufnimmt.

Hinzu kommen Vorurteile, die sich aus Erfahrungen und Traditionen zusammensetzen. Zu diesen Vorurteilen gehören gerade in Teilen der Aufnahmegesellschaft weit verbreitete Überzeugungen, dass Muslime gegenüber Nichtmuslimen die Unwahrheit sagen dürfen, ohne dass ein solches Verhalten als Verstoß gegen die göttlichen Gebote aufgefasst wird. Tatsächlich wird aber im Koran und in der Prophetentraditionen betont, dass man gegenüber jedermann die Wahrheit sagen muss.

Koran und Prophetentraditionen zu Wahrheit und Lüge

Der Koran äußert sich häufig über die Wahrheit seiner Botschaft, gibt aber auch Anweisungen, die Wahrheit zu sagen. So heißt es in Sure 4, 35: Wenn ihr das Zeugnis verdreht oder davon ablasst, so hat Gott Kenntnis von dem, was ihr tut.« Der Koran fordert also dazu auf, »kein falsches Zeugnis zu geben«, weist ferner darauf hin, dass unvollständige oder veränderte Aussagen ebenfalls gegen den Willen Gottes geschehen und droht seine Strafe an. Sure 22, 30 warnt: »So meidet den Gräuel der Götzen und meidet die falsche Aussage«, ebenso in Sure 33, 70f.: »O ihr, die ihr glaubt, fürchtet Gott und sprecht zutreffende Worte,/ dann lässt Er eure Werke als gut gelten und vergibt euch eure Sünden.« Götzendienst und Lügen werden zusammen betrachtet und das Sprechen der Wahrheit wird durch Gott belohnt.

In den Prophetentraditionen wird in verschiedenen Zusammenhängen immer wieder auf die Wahrheitspflicht hingewiesen:»Der Prophet sagte:›Der Schlimmste unter den Menschen ist der mit zwei Gesichtern, der zu den einen mit einem Gesicht und zu den anderen mit einem anderen Gesicht kommt.‹« Es gibt zahlreiche weitere Texte, in denen darauf hingewiesen wird, dass man seinen Mit-Muslim nicht belügen darf. In unserem Kontext werden die Aussagen des Propheten als das allgemeine Verbot des Lügens verstanden.

In der schiitischen Form des Islams gibt es das rechtliche Institut der Taqiyya. Die Schiiten machen bekanntlich nur eine Minderheit von etwas mehr als 15 Prozent der Muslime weltweit aus. Man darf zunächst die schiitischen Vorstellungen und Praktiken also nicht im Bezug auf alle Muslime verallgemeinern. Bei der Taqiyya handelt es sich um folgende Praxis: Schiiten, die sich in einer nicht-schiitischen Umgebung aufhalten, dürfen ihren Glauben verleugnen und sich selbst als Sunniten, Christen o. a. bezeichnen und die von diesen Religionsgemeinschaften vorgeschriebenen rituellen Praktiken mitvollziehen. Begründet wird dieses Verhalten von den religiösen Autoritäten der Schiiten mit der Notwendigkeit, dass die relativ kleine Gemeinschaft der Anhänger der Schia nicht durch den eventuellen Märtyrertod eines Mitglieds geschwächt werden sollte. In der von Sunniten stammenden Polemik wurde seit jeher die Praxis des Verbergens der eigenen Religion als die religiös begründete Erlaubnis zur Lüge interpretiert. Entsprechende Vorurteile von Sunniten gegenüber Schiiten sind weit übertrieben und erinnern an ähnliche Einschätzungen, die wir in Deutschland bei den verschiedenen christlichen Konfessionen und ihrer wechselseitigen Wertschätzung noch bis in die zweite Hälfte des 20. Jahrhunderts beobachten konnten. Es ist nicht ausgeschlossen, dass diese negative sunnitische Haltung gegenüber Schiiten von westlichen Beobachtern missverstanden und verallgemeinernd auf alle Muslime bezogen wurde.

Wie steht es mit dem Verhalten im Verkehr?

Erstaunt äußern sich auch viele Zuwanderer über die selbstverständliche Korrektheit vieler Deutscher in Bezug auf Verkehrs- und andere Regeln. Dass viele Fußgänger an einer roten Ampel stehenbleiben, auch wenn kein Auto in Sicht ist, erstaunt sie. In den Herkunftsländern wird der Verkehr an neuralgischen Stellen von Verkehrspolizisten geregelt, bei Verstößen gegen die Straßenverkehrsordnung entweder sofort ein Bußgeld erhoben oder z. B. bei Taxisfahrern bei der obligatorischen jährlichen Verlängerung der Taxilizenz für alle aufgelaufenen Verstöße eine kumulative Strafzahlung eingefordert. Ebenso erstaunlich finden Zuwanderer zunächst die Praxis der Mülltrennung, die in der Regel nicht durch eine öffentliche Institution kontrolliert wird. Dass man für die Benutzung des öffentlichen Personennahverkehrs an einem Automaten selbstständig eine Fahrkarte kauft, diese entwertet und erst dann seine Fahrt antritt, war für viele

Zuwanderer ebenfalls ein erstaunlicher Vorgang. Sie warteten zunächst auf einen Mitarbeiter der Verkehrsbetriebe, der ihnen eine Fahrkarte verkaufte. Erstaunt waren sie auch, dass man nur hin und wieder und nicht ständig kontrolliert wird. Der korrekte Umgang mit den Verkehrsmitteln wird aber in der Regel sehr schnell praktiziert.

Die Schwierigkeiten beim Einkauf

Die Mehrzahl der Zuwanderer ist mit dem Verhalten in Kaufhäusern, Einkaufszentren und Einkaufspassagen vertraut. In Istanbul und Kairo wurden die ersten in den 1880er Jahren gegründet. Einen großen Aufschwung gab es in den 1920er Jahren und eine fortwährende Modernisierung seit den 1990er Jahren. Den Zuwanderern ist auch bewusst, dass es hier Festpreise gibt und der Versuch zu feilschen, sinnlos ist. Gleiches gilt für Spezialgeschäfte auch aus dem Bereich der Nahrungsmittel. So gibt es im Zentrum von Damaskus eine Confiserie, die seit den 1920er Jahren besteht. Im Sommer werden heute den Kunden die erstandenen Waren in einer Kühltasche ausgehändigt, damit sie wohlbehalten nach Hause gebracht werden können. Anders ist es auf den traditionellen Basaren. Dort kann um den Preis gehandelt werden, auch wenn die Waren durch Preisschilder ausgezeichnet sind. Die Käuferinnen betasten auch die Früchte oder Gemüse und prüfen so deren Qualität. Dass man in den Obst- und Gemüseabteilungen deutscher Supermärkte nicht um den Preis feilschen kann, ist den Zuwanderern bekannt, dass man die Ware aber nicht berühren soll, ist neu und wird oft auch nicht verstanden. Darauf, dass verderbliche Waren, deren Mindesthaltbarkeitsdatum sich nähert, durch die Mitarbeiter eines Supermarkts dann umetikettiert und billiger angeboten werden, müssen sie erst hingewiesen werden. In vielen deutschen Städten ist die Versorgung mit Lebensmitteln, vor allem mit Obst und Gemüse, in der Hand von Unternehmern türkischer Herkunft. Bald werden sich zu ihnen auch arabische Händler gesellen. Damit werden sich manche augenblicklichen Missverständnisse von selbst auflösen.

Situationen der Abhängigkeit und die Bedeutung des Selbstwertgefühls

Vor allem für Flüchtlinge, die in den Herkunftsländern eine gute berufliche Position innegehabt und über ein gewisses Ansehen in ihrer Umgebung verfügt haben, ist die Situation der Abhängigkeit von deutschen Institutionen und von den freiwilligen Helfern von dem Zeitpunkt an schwer zu ertragen, wenn sie sich von den körperlichen und psychischen Strapazen ein wenig erholt haben. Sie müssen dann feststellen, dass sich ein rascher Übergang in ihren alten beruflichen und gesellschaftlichen Positionen sehr viel schwieriger realisieren lässt als erwartet. Es ist nicht leicht, mit der Tatsache umzugehen, dass die Unterstützung der weiteren Familie in dieser psychologisch schwierigen Situation fehlt. Leben Verwandte schon länger in Deutschland, sind sie vielleicht sehr stark in ihre beruflichen Verpflichtungen eingebunden und können ihren traditionellen Verpflichtungen gegenüber der Familie nicht nachkommen oder nehmen diese inzwischen nicht mehr so ernst.

Hinzu kommt eine deutliche Veränderung der traditionellen familiären Hierarche nicht nur, weil die Väter nicht mehr für den Unterhalt der Familie aufkommen, sondern auch weil z. B. die Kinder sehr viel leichter Deutsch lernen und daher über eine zentrale kulturelle Kompetenz verfügen, die den Älteren nicht in gleichem Maße zur Verfügung steht. Die Kinder übernehmen daher Funktionen der Sprachvermittlung und können auf diese Weise Macht über ihre Eltern ausüben. So wird das traditionelle Selbstwertgefühl der Väter, aber auch der Mütter belastet. Die Erwachsenen beginnen daher bald, sich auf die traditionellen Werte ihrer Herkunftsgesellschaften zu besinnen, die sie vor der Flucht möglicherweise kaum beachtet haben. Männer und Frauen wenden sich stärker der Religion zu und verlangen die Einhaltung der religiösen Regeln auch von ihren Kindern. Sie versuchen so, die alten Hierarchien wieder herzustellen. Das kann zu schweren Konflikten innerhalb der Familie führen. Üblicherweise ist der familiäre Zusammenhalt in der muslimischen Familie sehr stark und stabil. Bisher sind die jüngeren Familienangehörigen häufig noch nicht im Heranwachsendenalter. Von dem Zeitpunkt an, da sie auf eigenen Füßen stehen wollen, kann sich die Situation verschärfen. Bis dahin müssen Integrationsprogramme entwickelt worden sein, die sich auf derartige Lagen einstellen.

Integrationsprogramme und das Faktum unterschiedlicher Identitäten

In den aktuellen öffentlichen und privaten Debatten um die Problematik der Integration von Zuwanderern aus den Staaten der islamischen Welt kann man nicht nur den Eindruck erhalten, es gäbe so etwas wie eine einheitliche deutsche Kultur, sondern auch, es würde schon ausreichen, dass jemand ein Muslim ist, um entsprechende Konzepte für seine Integration zu entwickeln. Dabei wird die in diesem Buch bereits mehrfach erwähnte Tatsache oft vergessen, dass die islamische Welt sich ebenso vielfältig darstellt wie die christliche oder die säkularisierte. Natürlich macht es Mühe, sich bei den Integrationsbemühungen auf die sehr unterschiedlichen historischen, gesellschaftlichen oder religiösen Erfahrungen der Zuwanderer einzustellen. Ohne die Einbeziehung dieser Unterschiede werden viele der Konzepte, die derzeit entwickelt werden, eher kontraproduktiv sein. Einen gewissen Eindruck davon konnte man auch als Medienkonsument nach den Exzessen vor dem Hauptbahnhof und der Domplatte in Köln am Silvesterabend 2015/16 wahrnehmen. Bei den daraufhin durchgeführten Veranstaltungen, bei denen den Insassen von Sammelunterkünften vermittelt werden sollte, wie man sich in Deutschland Frauen gegenüber verhält, wurde aus dem Publikum deutliche Kritik geübt, dass man Syrer und Nordafrikaner gleichermaßen einschätze, dass man jungen Männer ohne abgeschlossene Schulbildung und Männer mit einem abgeschlossenen Universitätsstudium undifferenziert gleich beurteile. Ebenso wenig erstaunlich war es, dass syrische Akademiker einen Landesminister der Justiz, der ihnen die Grundzüge des deutschen Rechtssystems vermitteln wollte, auf offenkundige Defizite bei der Durchsetzung rechtlicher Regelungen aufmerksam machten und darauf leider überhaupt keine Antwort erhielten.

Grundsätzlich ist es bedeutungsvoll und für das Gelingen von Integration wichtig, auf Identitätsunterschiede bei den muslimischen Zuwanderern zu achten. Seit mehr als einem halben Jahrhundert leben Menschen muslimischen Glaubens in Deutschland, zunächst vor allem in Westdeutschland und West-Berlin. Sie kamen als sogenannte Gastarbeiter, vor allem aus dem damaligen Jugoslawien und aus der Türkei. Zunächst waren es vor allem Männer und nur wenige Frauen. Seit 1973 gab es dann die Möglichkeit des Familiennachzugs. Dadurch erhöhte sich der Frauenanteil unter den Gastarbeitern. Schon sprachlich unterschieden sich die zahlreichen Gruppen voneinander. Die einen sprachen Bosnisch, also eine südslawische Sprache, die anderen Türkisch, eine Turksprache aus der altaischen Sprachgruppe und die Dritten Kurdisch, eine indo-iranische Sprache.

Die Identität der Gastarbeiter

Die bosnischen Zuwanderer waren sich ihrer muslimischen Identität bis zum Beginn der Balkan-Kriege der 1990er Jahre nur wenig bewusst. Sie verstanden sich vornehmlich als Jugoslawen. Erst mit einer Betonung des serbischen Nationalismus in Jugoslawien kam es hier zu Veränderungen. Bei den Zuwanderern aus der Türkei gab es eine Mehrheit von anatolischen Türken und eine starke Minderheit von Kurden. Die Spannungen zwischen diesen beiden Volksgruppen, die seit der Gründung der Türkischen Republik immer wieder zu gewaltförmigen Auseinandersetzungen geführt hatten, wirkten sich auch in Deutschland aus. Die Mehrzahl der Türken stammte aus ländlichem, eher traditionellem Milieu und war von einem Islam geprägt, in dem sich zahlreiche volksreligiöse Elemente finden. Die aus Anatolien stammenden Kurden gehörten dagegen zu einem großen Teil der heterodoxen Gruppe der Alewiten an, denen von der türkischen islamischen Rechtsgelehrsamkeit die Zugehörigkeit zum Islam teilweise abgesprochen wird. Die ersten Gastarbeiter konnten daher nicht auf ihre gemeinsame muslimische Identität angesprochen werden. Bezug genommen wurde im westdeutschen öffentlichen Diskurs auf die nationale Herkunft. Typisch waren dafür in den 1970er Jahren die sogenannten »Türkenmeldungen«, in denen bei der Verursachung von Verkehrsunfällen oder kleineren Strafdelikten gerne auf die türkische Nationalität der Verursacher oder Täter Bezug genommen wurde. Es hat eine gewisse Zeit gedauert, bis der Rassismus dieser Meldungen wahrgenommen wurde.

Ein häufig sehr viel bedeutsameres Moment aber war die soziale Herkunft der »Gastarbeiter«. Unabhängig davon welchen Schulabschluss oder welche akademische Prüfung sie vorweisen konnten, wurden sie nicht selten als ungebildet und nur für einfache Tätigkeiten geeignet angesehen. Dabei gab es vor allem unter den türkischen Zuwanderern eine größere Zahl von gebildeten Personen, die aus wirtschaftlichen oder politischen Gründen zu einer Ausreise nach Deutschland gezwungen waren. Die Identität dieser Zuwanderer war trotz aller tatsächlichen Unterschiede aus deutscher Sicht die der »Gastarbeiter«. Die Situation änderte sich mit dem wachsenden Bewusstsein auf der deutschen Seite ebenso wie, wenn auch in geringerem Maße, auf der Seite der Zuwanderer, dass deren Anwesenheit keine vorübergehende Angelegenheit sein würde. Man kann als Termin für diese Bewusstseinserweiterung das Jahr 1979 mit dem Erfolg der Islamischen Revolution im Iran festlegen. Plötzlich wurde in Medien und Politik festgestellt, dass etwa 1,5 Millionen Muslime in der Bundesrepublik und West-Berlin lebten. Aus Türken wurden jetzt Muslime, unabhängig davon ob sie ihre Religion praktizierten oder nicht, ob sie tatsächlich Muslime waren oder einer der orientalischen christlichen Kirchen in der Türkei angehörten. Inzwischen war auch die Zahl der Flüchtlinge aus Palästina und dem Irak in Westdeutschland stark angestiegen. Auch hier gab es eine öffentliche Identifizierung als Muslime, auch wenn damals etwa 50 Prozent der libanesischen Bevölkerung verschiedenen christlichen Konfessionen angehörte und in den 1980er Jahren in der Mehrheit christliche Iraker nach Deutschland kamen.

Arabische und afghanische Identitäten

Immerhin wurden Angehörige dieser Nationalitäten in der Regel nicht als »Türken« eingeschätzt, sondern als Araber. Damit folgte die deutsche Identitätsfeststellung allerdings einem ideologisch geprägten arabischen politischen Selbstverständnis. Seit der Zeit nach dem Ersten Weltkrieg hatte sich in der arabischen Welt die Idee von der nationalen Einheit der Araber verbreitet, einer Einheit von Sprache, Kultur und Geschichte. Seit den 1950er Jahren hatte sie als Panarabismus mehr und mehr an politischer Bedeutung gewonnen. Vertreter dieser Ideologie konnten in dieser Zeit die politische Macht in Libyen, Ägypten, Syrien und im Irak gewinnen. Von daher ist es nicht erstaunlich, wenn bei den derzeitigen Flüchtlingen aus arabischen Staaten diese nationale Identität auch in Deutschland im Vordergrund steht. In der konkreten Situation gibt es auch hier erhebliche sprachliche und kulturelle Unterschiede. Schließlich kam es seit den späten 1960er Jahren auch zu politischen und militärischen Konfrontationen zwischen einigen der arabischen Staaten, durch die regional differenzierte Identitäten betont wurden.

Noch komplizierter ist die Identitätsfrage bei Flüchtlingen aus Afghanistan. Unter ihnen sind Angehörige der Mehrheitsgruppe der Paschtunen, die wie die ebenfalls dort lebende Minderheit der Tadschiken iranische Sprachen sprechen. Turksprachen sprechen die Minderheiten der Turkmenen und Usbeken, eine mongolische Sprache sprechen die Hazara. Die ethnische Identität spielt in Afghanistan eine wichtige Rolle. Das hängt auch mit der Tatsache zusammen, dass der paschtunische Bevölkerungsteil die politisch und wirtschaftlich dominierende Gruppe ist, die Hazara sich dagegen in den vergangenen Jahren immer wieder Verfolgungen und Unterdrückung ausgesetzt sahen. Dazu trug sicherlich auch die Tatsache bei, dass sie Schiiten sind. Die Mehrheit der Afghanen sind Sunniten, eine Minderheit von ca. 20 Prozent dagegen Schiiten.

Gründe für die Anerkennung unterschiedlicher Identitäten

Ein höheres Maß an Sensibilität hat sich hinsichtlich der Wahrnehmung der unterschiedlichen Identitäten erst seit dem Beginn des 21. Jahrhunderts in Deutschland entwickelt. Das lag sicherlich an einem verstärkten Interesse der Öffentlichkeit angesichts der wachsenden Zahl der Muslime in Deutschland. Seitdem wird nach verschiedenen Kriterien unterschieden. Weiterhin spielt die nationale Herkunft eine Rolle, wobei deutschen Beobachtern inzwischen bewusst ist, dass sich in der Mehrheit der arabischen Staaten unterschiedliche ethnische Zugehörigkeiten finden lassen. In der Türkei wie in Syrien, im Irak und Iran wären das auch Kurden. In Syrien und im Irak gab und gibt es neben Arabern und Kurden auch Armenier und Aramäer, im Irak trotz Verfolgungen durch das Regime des Saddam Hussein auch noch Iraner und zahlreiche kleinere ethnische Gruppen. Natürlich sind auch die unterschiedlichen religiösen Zugehörigkeiten von Bedeutung. Dabei spielen die Unterschiede zwischen Sunniten und Schiiten eine besondere Rolle. Die Unterschiede und Konflikte innerhalb der beiden großen muslimischen Konfessionen sind dagegen unter den Zuwanderern in der aktuellen Situation von geringerer Bedeutung. Im Gegenteil muss in Bezug auf den schiitischen Islam festgehalten werden, dass manche schiitischen Sondergruppen sich deutlich von der Mehrheit der Zwölferschia distanzieren, aber aus sunnitischer wie aus westlicher Sicht der schiitischen Mehrheit zugerechnet werden.

Bei all den Debatten um das Verhalten von Muslimen wird gerne vergessen, dass Muslime Menschen sind wie andere auch. Sie haben Vorzüge und machen Fehler. Nichtmuslime verlangen jedoch nicht selten, dass sich alle Muslime immer nach allen Normen ihrer Religion richten. Wenn man berichtet, dass Muslime Alkohol trinken, kommt von Nicht-Muslimen oft die vorwurfsvolle Reaktion: »Aber das ist ihnen doch verboten.« Viele Muslime vollziehen täglich ihr Pflichtgebet, andere tun das nicht. Viele Muslime fasten im Ramadan, aber nicht alle. Als Nicht-Muslim sollte man von Muslimen nicht mehr an Rechtschaffenheit und Frömmigkeit verlangen als von anderen Menschen auch. Auch wenn eine Mehrzahl der Menschen, die sich zum Islam bekennen, ein Leben führt, das stark von Traditionen geprägt ist, bedeutet das nicht, dass sie sich an alle Regeln ihrer Religion halten. Gerade sie haben auch negative Erfahrungen mit der offiziellen Religion und ihren Vertreter machen müssen. Das beginnt schon in den Koranschulen, in denen ein häufiges pädagogisches Mittel der Stock war und immer noch ist. Sie wenden sich daher oft volksreligiösen Vorstellungen zu, die mit dem Islam wenig zu tun haben. Aber auch den Regeln des Volksislams folgen sie nicht immer und bei allen Gelegenheiten. Auch von Anhängern von islamischer Magie oder Astrologie, von Heiligen- oder Gräberverehrung kann man nicht erwarten, dass sie alle deren Vorstellungen und Regeln ernst nehmen. Als Nicht-Muslim sollte man Muslime nicht über ihre Religion belehren oder ihnen Verstöße gegen die Regeln des Islams vorwerfen. Durch ein solches Verhalten werden sie verletzt, man sollte es daher im Sinn eines guten Zusammenlebens vermeiden.

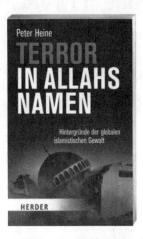